「定食酒場食堂」の奇跡

小野寺 茂

牧野出版

もくじ

装丁　神長文夫＋坂入由美子

「定食酒場食堂」の奇跡

序章

日替わり定食288円の衝撃

東京・新宿区四谷。曙橋のまさに橋の下付近に、その店はある。

定食酒場食堂――。

名前はない。「定食酒場食堂」だ。読んで字のごとし、昼は「定食」、夜はお酒を提供する「酒場」と化す「食堂」である。

シンプルなのは名前だけではない。お店のシステムもいたってシンプルだ。

288円定食
ご飯　みそ汁
お替り自由
生卵は、
お一人様一個サービス（2個食べると出入禁止だ）
おかず副菜付き

定食酒場食堂は、居酒屋ではありません。
食堂です。
お客様に、よりよくお楽しみいただけるよう、
適正な物を、適正な価格で、お出ししております。

安いと思われるでしょうが、他が高すぎるのです。
のんびりして頂く為に、当店はお一人様3000円以上は、切り捨て
例え会計が5000円以上だとしても3000円（税別）です。
ステキなお客様のお時間を、当店で御使用下さる事、
ありがとうございます。
昭和の旅人より

これは、店内に貼られた店主直筆の説明書きの一部だ。これもまた読んで字のごとく、昼の部はご飯、みそ汁お替り自由の288円日替わり定食のみ。夜の部は原則、どんなに飲み食いしても1人につき3000円（税別）以上は受け取らない。もちろん、時間制限などはない。

約3年前、新宿・四谷に登場したこのユニークな飲食店「定食酒場食堂」は現在、当然のことながら、連日連夜、満員御礼が続いている。

店主の意向で並ぶのは禁止、ただしランチは別。なので、開店後、店がお客で埋まると、残念ながら入口でお断りされてしまう羽目に。夜の部、来る人来る人が「ごめんなさい。いっぱいなんですよ」と言われ、引き返す姿をわたしは何度も見ている。ほぼ毎日、昼夜を問わずかなり早い時間帯から店に入れない人が続出する「行列のない超人気店」なのだ。

人気の秘密はもちろん、その価格設定だろう。何といっても、昼は288円、夜は3000円。

しかも、お腹いっぱいになるまで食べて、飲んでよし。だが、それだけで終わらないのが、この店の凄いところ。それは、実際に料理を食べてみれば、おそらく誰もが納得できるはず。とにかく、うまいのだ。

例えば近年では、２８０円のお弁当や、時間制限はあるものの、飲み放題付３０００円（〜）の店がまったくないわけではない。しかし、安さに魅かれて実際に行ってみると、悲しいことに悪い意味で価格相応の食べ物と飲み物しか出会えないことが多い。

その粗雑さ、手抜き加減は、この手の店に興味本位で足を運んだことのある人ならば、一度は経験したことがあるのではないか。味は二の次、とにかく安い値段で栄養やカロリーを気にせず満腹感を得たい貧乏学生なら良いかもしれないが、何かと健康を意識しなければいけない大人はそうはいかない。

驚くことに、定食酒場食堂に限っては、まったく逆だ。例えていえば、かつて自分の口に入れる物に少しでも気を使ったことのある人ほど、そのおいしさは一点の曇りもなく明らかに実感できるはずだ。

はっきり言おう。本当に信じられないことかもしれないが、定食酒場食堂で提供される料理は、まともな食材を使った、まともな味付けの料理を好む人ほど、「おいしい」と感じる度合いは強いといっても過言ではない。あるいはまた、むしろ外食をあまりせず、食材選びに気を使い、丁寧に自宅で手作りしてきた経験が豊富な主婦ほど、その違いがわかるかもしれない。

一般に、外食産業は味付けが濃い。これにはいくつかの理由があるが、その1つに原材料の違いがある。外食産業は食材にまでこだわる余裕がないから、例えば野菜なら、仕入れる食材は見た目が同じ野菜でも、丁寧に育てられた野菜と比べ、素材本来の味が薄い傾向にある。このため、味付けがどうしても濃くなるわけだ。本来の素（もと）の味が薄いため、「素」と「味」をひっくり返した名前のあの化学調味料を使わないと、まさに文字通り味も素っ気もない料理になる。

ここで突然、わたくし事になるが、筆者の家ではほぼ365日、毎朝作るみそ汁のダシは決まって煮干しを使う。わたしが定食酒場食堂で初めて試食させてもらったのは、みそ汁だった。具がなんだったかは思い出せないが、出された椀を一口すすって、思わず口に出た一言は「アミノ酸の味がしない」。おそらく無意識に、疑っていたのだろう。今となっては恥ずかしい限りだ。

しかし、多かれ少なかれ、定食酒場食堂を初めて体験した人は、わたしと似たような感じだったのではないかと想像する。「どうせ、『安かろう、マズかろう』でしょ」。半信半疑で来てみたものの、一口食べて、その期待は見事に裏切られる。常連にはむしろ、そうした本当の意味での食通が少なくない。

ここに1人の常連の声を紹介する。男性は会社員、高津直樹さん（39歳）。288円定食の最古参の常連の1人だ。

２年半前くらいから通っています。基本、週5回です。歩いて5分くらいのところに会社があるんですけど、特別何もなければ、平日は毎日ですね。

最初の頃はお弁当屋さんだったので、お弁当を買ったのがきっかけです。５００円ですごいボリューミーなお弁当でした。それからずっとお弁当を買っていて、ある日、いきなり「定食始めました」ってなっていました。たぶん、私は２８８円定食ができた初日に食べに行っています。

その初日に私はいつも通りお弁当を買ったんですけど、「（お店の）中で定食を食べたいんで返品してもいいですか」って言って、５００円を返してもらいました。それでお店の中に入って２８８円定食を食べました。最初はお店の方も手探り状態のような感じだったと思いますが、それにしても２８８円だったら全然ＯＫの中身でしたね。

ここで２８８円定食を食べたら、ほかは行けないですよ。コンビニで売っている弁当とかおにぎりとか、スタバとか、めちゃくちゃ高く感じますから。しかも、ご飯とみそ汁がお替り自由で卵付でしょ。何ていうか、金銭感覚がおかしくなるのか、戻っているのか、わかんないですね。

味も好きです。おいしいですから。毎日、全然問題ないですね。本当に日替わりで中身を変えてくれるんで、飽きません。

高津さんは、いかにも仕事ができそうな、スマートな印象の男性だ。もちろん、最初はお弁当の量に圧倒されたし、また、288円という価格自体に興味をもったのだろう。しかし、料理を口にして、評価は一変する。「金銭感覚がおかしくなる」という実感が、その間の変化を物語る。そもそも、「安かろう、マズかろう」でわざわざ週5回、2年間も通うはずがないではないか。

ところで、定食酒場食堂は、あくまでも食堂だ。高級レストランではない。高級食材を使った敏腕料理人による「絶品料理」などを期待してはいけない。そういうグルメ気取りの美食家は、あらかじめ他店にどうぞ。冒頭にも示した通り、定食酒場食堂は「適正な物を、適正な価格で」をモットーとする正真正銘の食堂だ。メニューに並ぶのは、いわゆる家庭料理ばかり。だが、そんな飾り気のない食堂がいま、飲食業界で大きな旋風を巻き起こしているのだ。

それでは、食堂の扉を開けてみよう。

第1章

ここは、昭和を楽しむ店なのか

定食酒場食堂の入り口は、引き戸だ。取っ手の窪みに指を当て、少し力を入れて横に引くと、「ガガガー」と戸が開く。「スーッ」とではない。戸の重みで砂がこすれるようなザラザラとした感触が手に伝わる。

店内に入ると、まず目に飛び込んでくるのは、壁一面に並んだ鮮やかな黄色のお品書きの数々。よく見ると、すべて筆で手書きされている。店主の天野雅博が書いたものだ。止めやハネが力強く、堂々とした〝作品〟となっていて、初めて来た人は思わず見とれてしまうかもしれない。そんな中で、ピンク色の品書きや昭和風のポスターがアクセントとなり、店内の独特の雰囲気を演出する。

まだ店に行ったことのない人のためにも、お品書きの一部を見てみよう。

自信あります
からあげ定食　４２０円

時々ある
ハンバーグ　４５０円

十勝焼き

豚スタミナ定食　４５０円

まるごとじゃが
肉じゃが　１８０円

本日の煮物　50円

ナポリタン　80円

コーヒー牛乳　２５０円

から揚げ
１個から注文できます
50円

和牛（５８０円）税別
すき焼き定食

始めちゃったよ！

玉子焼き　１２０円

目玉焼き　１５０円

つけもの　30円

ソーセージ　１本60円

人気です↓ぶ厚いハムカツ　２７０円

トンカツ　５００円

注文が入ってから作る、

作り置きなし

パスタサラダ　１００円

本当かよ？　本当だよ

冷奴　１５０円

メンチカツ　１５０円
お通し　２８８円（お通しにごはん、みそ汁お替わり自由。生卵一個付き）

七輪の侍
人気上昇中
鉄串やきとり　１本１８０円
鉄串ロース豚　１枚５００円
ジンギスカン　北海道直送
マトン　５２０円
ラム　５８０円
別盛やさい　２００円
一人前
特上ラム　７２０円

ここからは、日替わりメニュー。

本日のお酒のおつまみ

清水漁港から本日入荷！
七輪炭火網焼き！
○マグロカマ先　５８０円
○マグロカマ　５００円
○特大とろアジ６８０円
○カレイ干し　５８０円
○カツオなまり節　３５０円
○朝イカ醤油漬　一本６８０円
○ボイル海老　一人前４２０円
○ホンビノス貝　一人前３００円
○まぐろ切落し　５００円

よく見ると、テーブル席の下には、こんな張り紙が。

ここだけにしか書いていないメニュー
つまり、このテーブルに座らないと頼めない！
○スゴイ　オムライス　５５５円

厨房の入り付近を見上げると、「お寿し　出前でとれます」。
そして、数あるメニューの中で、直近の売上ランキングは以下だ。

定食酒場食堂

1位　ナポリタン　80円
2位　本日の煮物　50円
3位　ざんぎ（並）　480円
4位　から揚げ　1個50円
5位　清水港特大トロアジ　680円
6位　ビールにあうやきソバ　250円
7位　ポテトサラダ　100円
8位　しょうが焼き定食　420円
9位　コーヒー牛乳　250円
10位　冷奴　150円

ランチは288円の日替わり定食なので、上記は事実上、夜のメニューとなる。見ての通り、ナポリタン以下、奇をてらった創作系のメニューはひとつもなく、誰もが親しみやすい一般的な家庭料理ばかり。あえて特色をいえば、店主の出身地・北海道名物のジンギスカンとざんぎ（釧路名物の鶏唐揚げ）、独自の仕入れルート先である静岡・清水漁港から届くマグロカマや特大トロアジなどの魚介類ということになる。看板メニューと書きたいところだが、そういうわけにもいかない。定食酒場食堂の看板メニューはあくまでも288円定食であり、80円ナポリタンだ。


お品書きを大雑把に確認したところで、この店の大枠をつかんでおこう。

店主の天野によれば、定食酒場食堂の店のコンセプトは「ニッポンの心をお腹いっぱいに」。なるほど、店の真ん中、2階へ登る階段付近に、筆で大きく「定食酒場食堂　日本の心を　お腹いっぱいに」と書かれている。

天野は面白い例で、その真意を説明した。

「心がいっぱいになるには、お腹がいっぱいにならないと無理でしょ。例えば、空腹のお金持ちなんていないでしょ。神様が『お前、欲しいお金の額はいくらだ』と聞く。ある人間が『100億円』と答える。神様は『そうか、100億円、欲しいのか。100億円をあげるから、1日に3回のご飯を食べていいよ。だけど、お腹は半分までしか食べてはいけないぞ』と言って、人間と約束した。この人、１００億円持っていても、お腹は半分までしか食べちゃいけない。満腹感になることはまずない。いつ、神様に１００億円を返上するか。たぶん、返上するまでは早いと思いますよ。

　ランボルギーニを手に入れようと、豪邸を手に入れようと、いい女を手に入れようと、どんなことがあっても、お腹いっぱい食べてしまったら、神様は瞬時に１００億円を持って行ってしまう。半分以上食べると、『あれ、腹6分目になっちゃてるね』と言って、ピョーンと持ち去る。みんな、『あー、食べてしまった』となるでしょう。

　お腹いっぱいになることが、やっぱり基本ですよね。人間って、食べないと生きていけない。特に日本では、『食えなくなったらどうするの』とかいいますよね。地球上の70数億いるすべての人間のＤＮＡに、飢餓の法則が流れているんですよ。だから、食えなくならないように、一生懸命に働くんです。

　食べ物を見たら、食べたくなる。これは動物界の心理じゃないですか。でも、お腹いっぱいになっているライオンの目の前に、おいしそうなウサギが通っても、ウサギはライオンに食べられないで幸せそうにライオンの前を歩いていける。餓えたライオンの前にウサギが歩いたら、そのまま食べられて終わりですよね。だとしたら、まずお腹がいっぱいにならないといけない」

　聞いていて、なんだか楽しくなる例え話である。

　わたしのような報道系のライターは、経営者だけでなく、それこそ「反社」と呼ばれる反社会的な勢力まで、取材という名目でありとあらゆる人物に直接会って話を聞くことができる。取材の自由という一種の特権だ。そうした経験を繰り返しているからか、仕事柄、初対面の人であっても話をして数分もあれば、その人物のおよその傾向性は想像できる。わたしは取材を始めた初日から、この天野という人物は、かなり強烈なキャラクターの持ち主ではないかという印象を受けた。事実、わたしの直感は当たっていたことになる。

話の流れで、天野に「よく、『人はパンのみにて生きるにあらず』と言われますが、どう思いますか」と聞いてみた。

天野は即答した。

「僕には綺麗ごとに聞こえますね」

定食酒場食堂がどんな店かは、メニュー冒頭に書かれた次のような説明書きを読めば大体わかる。もちろん、書いたのは天野だ。

定食酒場食堂
ご来店ありがとうございます。
お客様にごゆっくりしていただく為に

はじめにお読みください

☆定食酒場食堂は居酒屋ではありません。食堂です。

☆メディアに登場してから非常識なお客様が増えました。

当店の判断で非常識なお客様と認識した場合は即退店いただく場合があります。

☆当店はお客様にゆっくりのんびり昭和をお楽しみいただけるよう３０００円以上は頂きません。しかしながら最近勘違いしているお客様が見受けられ、呑み放題食べ放題で３０００円だと勘違いしている方がいます。

呑み放題・食べ放題ではありません。

☆無意味に大量なご注文をされ、残されたお飲み物や、食べ物がある場合は、３０００円以上頂くことになります。

☆既にお腹がいっぱいになり、挑戦的注文はお断りします。そう当店が判断した場合はご注文を提供致しません。

☆当店は新宿片町に存在し、常連様に支えられているお店です。常に常連様を優先します。ご了承ください。

☆地方遠くからお越しのお客様、スタッフにお声がけ下さい。ウエルカムサービス品がございます。

☆お誕生日のお客様もお知らせください。サービスのお品がございます。

☆当店はお客様にこのお値段で提供すべく、スタッフ人件費も削減し最小人数でご提供しております。お時間がかかる場合がありますが、全力で行っておりますので、ご了承ください。
☆スタッフ不足でお客様にスムーズにご飲食物をお届け出来ない場合、お客様のお手伝いを多々お頼みする場合があります。ご協力ください。日々、お客様が数人当店スタッフに間違われておりますが、お客様参加型で、お手伝い頂いております。
☆メニューに無いモノは、聞いてみてください。風邪気味だから・・体調悪いなどありましたら、温かい雑炊や、お粥、お茶漬けなどもお作りします。

それではみなさまごゆっくりとＴＨＥ昭和をお楽しみください
昭和の旅人より

最後の「昭和の旅人」とは、天野本人をさす。
ここで語られている定食酒場食堂の性格は、主に3つある。
1つは、ゆっくり飲み食いを楽しんでほしいこと。
2つは、常連優先。
3つは、「お客様参加型」。
この3点がこの食堂の骨格部分を形作っているといってよい。

少し考えてみれば、こうした定食酒場食堂の基本となる特徴は、他のどの飲食業にも当てはまらないことがわかる。こう言われて、あまりピンと来ない人は、逆のケースを想定してみればいい。

1つ。たいていの飲食店は、はっきりとした制限時間を設けないにしても、内心では客席の回転数を意識している。回転率が売り上げに大きく関わるからだ。回転率が低ければ、出る商品の数が減り、その分売り上げも減る。特に酒を提供する店は、客のオーダーは着席時から退店までの前半が勝負だから、後半に何も注文せずにだらだらと話し込まれるよりは、新規の客を入れた方が売り上げ効率は上がる。このため、中には客に知られない程度にあえて居心地が良過ぎないように工夫をしている店もある。あらかじめ、ゆっくりのんびりしてほしいと客に呼びかける定食酒場食堂は、客本位の方針を明確に打ち出すことによって、飲食業界の常識に挑戦しているといえる。

2つ。常連を大切にする店は、個人経営の飲食店ではめずらしいことではない。一見さんお断りの店は、その最たるものだろう。しかし、誰もが気軽に入ることのできる大衆的な食堂で、常連優先を堂々と掲げている店は、ほとんどないのではないか。少なくともわたしは聞いたことがない。しかも、定食酒場食堂は、「常に」常連を優先すると宣言している。「常連になった方が得です！」とまで言い切っているのだ。かといって、一見さんを無下に扱うことはしない。むしろ、遠方からの客には特別サービスまでする太っ腹。このあたりは、店主の客に対する扱いについての独自の考え方が反映されているのだが、ここでは接客については触れない。

３つ。この「お客様参加型」こそ、定食酒場食堂が他店と異なる最大の特徴だ。考えてみてほしい。営利目的の飲食店で、客が店のスタッフと間違われることがそもそも起こりうるだろうか。常連ばかり、カウンター数席だけの狭小店なら、客が手伝うこともあるかもしれない。ただその場合でもその場は常連同士だから、暗黙の了解がある。客が別の客をスタッフと間違えるということは、並大抵の店ではない。逆に、スタッフが客と化すこともめずらしくない。店主の天野は仕事中でも客席で常連に交じって話をし、他の客からドリンクの注文が入っても、「自分でやってね」とセルフサービスを促す。それで店が成り立っているということ自体、良くも悪くも定食酒場食堂が定食酒場食堂であるゆえんなのだ。


定食酒場食堂の歴史は、２０１５年に遡る。天野は同年3月、新宿区荒木町に1軒の店舗をオープンさせた。雑居ビルの1階を借り、店内にはレトロな本物の車を二台飾ったアメリカンバーだった。このアメリカンバーが、のちに定食酒場食堂の旧店舗となる。

「50歳を迎えるにあたって、死ぬまで続けられる仕事はないかなと。単純に。そう考えると、食堂と弁当屋さんだったたですね。最初はアメリカンバーでしたが、弁当屋はすでにやっていたんで。弁当のノウハウから、食堂に一気に転換したんです」

天野はこう説明する。

その間の経緯について、天野の自著『ゼロポイント』（秀和システム）ではこう書かれている。

『定食酒場食堂』の前身である『アメリカンズバー１９６０』をオープンした時、本当は安くて、みんなが毎日来られる食堂を作ろうと思っていた。しかし、計画した当初は自信がなかった。その後押しをしてくれたのがお弁当事業だ。お弁当を作っているうちに「これならいけるかもしれない」と自信がついた。そして２０１６年の2月中旬、完全業態変更を行い、『アメリカンズバー１９６０』は『定食酒場食堂』へと名を変えた。


同書によると、お弁当事業を始めたのは、15年5月11日。アメリカンバーが開店してわずか2カ月後だ。きっかけは、客の要望だった。日中からバーを開けていたら、ランチを食べたいと来店する客が予想以上に多かったというのだ。ところが、店内は車を二台置いているため、客席が15席ほどしかない。店内でランチを提供して利益を出すには、座席数があまりにも少ない。ならばお弁当はどうか。これが大当たりする。

天野が言う。

「3年前、最初に僕が荒木町の前の店舗でお弁当をやった時、すごい大人気になったんです。店頭で30分かからないくらいで80食が完売した。その時に、僕はスタッフに『四谷中の胃袋を牛耳ろうぜ』と言った。『胃袋を牛耳ったら、勝ちだよ。お客さんが弁当に夢中になるような仕掛けをしようぜ』と。『なんでかわからないけど、あのお弁当はまた食べたくなる弁当だね』っていう味を作っていったんです。

どこにもない味を作っていった。となると、調味料にこだわるしかない。味の素は使わない。人工的なアミノ酸は一切、使わない。そんなものを食べていたら、舌がしびれるだけで、何もいいことがないですから。調味料にもいろいろありますが、基本となるべきところは、塩、砂糖、醤油、この3つです。醤油は本醸造丸大豆醤油の「超特選むらさき」（チョーコー醤油）を調理に使っています。塩はヒマラヤ岩塩。砂糖はキビ砂糖。ドレッシングなど、自分で作れるものは作ります」

わたしは思わず、「ええっ!!」と驚いた。天野が厨房から醤油ボトルを取ってきて、わたしの目の前に置いたのが、たしかに見覚えのある紫のボトルの「超特選むらさき」だったからだ。偶然だが、じつは、わたしは自宅でこれとまったく同じ醤油を使っている。超が付く最高級品だが、無添加で他の醤油と比べて格段に味が良い。

そして、この醤油を調理に惜しみなく使っていると聞いて、わたしは2度驚いた。この醤油を自宅で使うのは、主に魚介類のお造りや、冷奴や湯豆腐など醤油本来の味も同時に味わいたい時のほかは、料理に少し味が足りなかった時などだけで、煮物などの調理段階の普段使いには別の丸大豆醤油を使う。理由は単純。高価だからだ。もったいなくて、台所で使うのを躊躇する醤油、それが「超特選むらさき」なのだ。

天野が続ける。

「調味料にこだわるのは、料理にこだわりたいから。基本の考え方は、自分の子供に食べさせたい料理を出す。自分の子供に食べさせられないものをお客さんに出すようなら、僕はこの食堂を辞めますね。料理にこだわるから、作り置きはしない。だから、電子レンジは置いていない。温める必要がないからです。電子レンジで温められたものを目の前に出されて、みんな満足しますか。お客さんには、きちんと火を使って料理したアツアツのものを出してあげたいんです」

正直に言おう。わたしは定食酒場食堂について、昼の288円や夜の3000円という値段よりも、料理に「超特選むらさき」を使っていることや、店に電子レンジがないことの方が、はるかに衝撃的だった。

弁当事業について、天野はこう書いている。

「僕はお弁当をするにあたって『儲けよう』と思って始めたわけじゃない。バーのランチが食べたいといったお客様の要望に応えて、それが僕個人のキャパシティの問題でお弁当に変えただけだ。……息子に食べさせられないと思うものは出したくないので、できる限り素材にはこだわってきた。金儲けのためにお弁当屋さんを開こうとする人には、非常に効率が悪いと思うだろう。だが、僕は自分の意志で、わざわざ効率の悪い方を選んだのだ。結果として、お店も繁盛し、僕のお店のお弁当を食べてくれるお客様も笑顔になる。これって、商売として最高のことじゃないか？」（『ゼロポイント』）

ここにはすでに、のちの定食酒場食堂の原型となる考え方が出ている。と言うよりも、天野自身が書いているように、天野はもともとアメリカンバーを開店させる「2年ほど前」から、漠然とした食堂のイメージがあった。その食堂イメージが、時がたつにつれてアメリカンバー→弁当事業と連鎖し、次第に定食酒場食堂のスタイルとして焦点を結んでいった。「ランチを食べたい」という客の要望は、直接のきっかけにすぎない。おそらく、天野は常に食堂を開くイメージを強く持ち、それを実現させたということなのだ。

素材にこだわり、味にこだわり、なおかつボリューム感たっぷりの弁当。これだけものが詰まっていて500円となれば、買わない理由がない。最盛期には店頭に18種類もの弁当が並んだという。事実、お弁当が四谷界隈で評判となるのは、時間の問題だった。

16年4月、アメリカンバーは定食酒場食堂となった。そして同年2月中旬、500円の弁当と並行して、288円の日替わり定食が登場する。冒頭に紹介した男性の声は、その初日に288円定食を実際に食べた人の貴重な証言だ。

現在、定食酒場食堂で作っていたお弁当は委託販売を行っている。月曜日から金曜日まで、もちろんメニューや作り方はアドバイスしている。店で作っていた時は1日800個を作っていたが、今は2000個まで増やし、その全部を7つの業者に委託している。

天野によると、毎日ほぼ完売。当初は1個につきロイヤリティーが50円だったが、1年経って25円にした。

「僕からすれば、収入は半分。でも、（自分で）作ってないし、お客さんを開拓しただけだから、まあしょうがないかな。もっと販売網を広げようとすれば、広げられますが、なんかその、目に見えない人に食べてもらっているっていうのは、なんかウチの食堂と……」

この先、天野が何をいわんとしたかを想像してみる。天野は、客の顔が直接見えないことに対して、定食酒場食堂の基本ポリシーとしてどこか相容れないものを感じているのではないか。その証拠に、天野は委託業者をこれ以上は増やすつもりはないようだ。逆に天野は「減らしたい。でもその人たち（業者）はそれで食っているわけだからね」と複雑な心境をのぞかせた。

一方で、自分が作った弁当を食べたいと言ってくれる客に対しては、弁当作りを続けている。

「旧店舗で店頭でお弁当を売っていた時のお客さんが、いまでも『定食酒場食堂の弁当がいい』って言って弁当を買いに来てくれんですよ。この店で作った弁当の味が食べたいから、わざわざお店まで足を運んでくれる。断るわけにはいかないですよ。そういう人には今でも僕が特別に弁当を作っています。たまに、どうしても定食酒場食堂の弁当っていう注文が、40〜70個入ってきます。そういう注文は今は断ってますが、僕のお弁当が食べたいと言ってくれる人には作りますよ」

嘘ではない。これは驚くべきことかもしれないが、天野は現在でも、たった1人の常連客たために毎日、定食酒場食堂の厨房で弁当を作り続けている。

じつは、わたしはその常連客から話を聞いている。60代の会社員、遠藤和彦さんだ。定食酒場食堂の前身となるアメリカンバーが15年3月にオープンし、お弁当事業が始まったのは2カ月後の5月。遠藤さんはその時期からの客だ。以下、遠藤さんの話をもとに構成した。

お店ができた直後にお弁当も始まって、その時からです。最初からもう、お肉てんこ盛りのお弁当でしたね。私自身がお肉大好きですから、お肉のお弁当ばかりを買っていました。量だけでなく、味が大好きで買い続けています。

会社が近くだったんです。結構、忙しい仕事なもんですから、外でゆっくり食事ができる状況ではなくて、どこかでお弁当を売っているお店はないかなと探していました。それで、会社から歩いて2、3分のところですぐお店（旧店舗）を見つけて。それがきっかけです。願ったり叶ったりでした。

しばらくして、天野さんが顔を覚えてくれていたみたいで、行くと「用意してありますよ」という感じで声を掛けてくれたんです。それからだんだん、通い始めるようになって、月曜から金曜までずっと毎日、通っています。

こっち（新店舗）に引っ越してから、若干、遠くなりました。それでもずっと買い続けているということもあるし、例えば一駅分も離れていたら不便でしょうが、そんな離れてもいないのでいつも通りに買いに来ているという感じです。

一時期はもう、持ちきれないぐらいてんこ盛りのお弁当でした。会社帰ってお弁当を開けると、みんなが覗き込んで驚いていましたね。すごい量で。完食するのが勝負みたいな世界でした。毎日すごい量をいただいた時期があって、さすがに私が戸惑った顔をしたのかもしれません、自然に軽めの普通のお弁当になりました。

定食酒場食堂のお弁当は業者に委託されるようになったようですが、わたしのお弁当だけは、今でも天野さんが手作りしてくれています。

特に「続けてください」と要望したわけではないんです。いつも買いに来ていて、普段と変わらないその延長で、気が付いたら私1人になっていたという感じです。私自身は意識したこともなく、ただ「お弁当はあるかな」という気持ちで、いつも通りに買いに来ているだけです。お弁当があるので、買う。ただそれだけのことで、気が付いたら3年を超えていました。

結果として私だけがお弁当をいただけるようになって、有難いなと思います。この状態をいつまで続けていただけるのかはわかりません。もうお弁当はできなくなりましたと言われたら、それはしょうがないです。あきらめるしかないですね。言われるまでは、毎日のように通い続けようと思っています。

遠藤さんに取材中、近くのテーブルでパソコンを叩いていた天野に、わたしは思わず「天野さん、作ってくれますか」と振った。天野は言った。

「もちろんですよ。たまに新しい人で、10個20個お弁当が欲しいという電話が店にかかってくると、『すいません。やってないです』って断っています。遠藤さんだけは特別だから、僕の中でも」

定食酒場食堂の運営主体は、天野個人だ。「もうちょっとしたら、法人にしようかと思っています」。100%天野個人が運営していて、コンサルタントや指南役、アドバイザーのような隠れた黒子はいない。天野は「この店のコンサルティングができる人はいないですよ」と自信をのぞかせる。

昼と夜。売上が多いのは当然、夜だ。

定食酒場食堂の月の平均売上額は「400～450万円ですよ。月25日で」という。「昼で2万ぐらいでしょ」。

単純計算してみよう。288円の日替わり定食が1日80食出るとして、288×80＝23040円。だいたい2万3000円だ。

忙しい月の売上である450万円で計算すると、1日換算の売上は18万円だから、昼の2万3000円を引くと夜は15万7000円の売上となる。夜は飲みのお客さんから3000

円以上はとらないから、全員が飲みとすると52人。

月400万円で計算すると、1日の売上は16万円だから、昼の2万3000円を引くと夜は13万7000円の売上となる。夜は飲みのお客さんから3000円以上はとらないから、全員が飲みとすると46人。じっさいの夜の売上は、12万から18万円ぐらいだという。

これはあくまで単純計算で、メニューにない豪華なお肉などを別料金で提供したり、お客さんのリクエストに応えるために特別料金を設定したりすることもたびたびある。目安以上のものではない。しかし、一概には言えないが、店の立地や規模、食材、そして何より提供する料理の質から考えても、売上の数字だけ見れば、繁盛店の部類に入ることだけは間違いない。

定食は平均60～80食。多い時で100食を超えることもあったという。天野は「もう、100食はやりたくない」と疲れ顔。それほどのハードワークなのだ。

驚くべきは、食材の原価率だ。天野が説明する。

「材料費の原価比率は48％～50％、50％を超えることもしばしばありますよ。そりゃそうでしょ、ジンギスカン、マトン、ラムの特上とか、フグ、マグロカマですよ。食材費は妥協しません。安いものを買った時には、ほかの食材でいいものを仕入れます。そういうメリハリを利かせるので、原価比率が下がることはありません」

月400万円～450万円で計算すると、年商は4800万円～5400万円。純利益を聞いてみると、天野は「どれぐらいですかね」とニヤリ。「ざっくりでも」と食い下がると、「どれぐらいですかね」。「あっと驚く数字ですよね」と振ると、「そうでもないですよ」と答えた。水道が４、５万円。電気は５万くらい。ガスが３、４万円。食材などの輸送費は宅配便を利用する。それらに月の家賃15万円を加えると、月々30万円程度は必要経費として出ていく。とはいえ、一番お金をかけるのは、やはり食材だ。

経営について天野に聞いてみた。

するると、「稼ぐこと」と即答。それでは、天野本人が稼ぐことと、食堂で客にいろいろなおいしいものを食べてもらい、楽しい時間を過ごしてもらいたいということと、どう結びつくのか。

「どうにも結びつかないんじゃないですか」

「では、別物だと？」

「経営は経営。人の満足度は人の満足度。お客さんの満足度は僕の満足度じゃないから。経営は僕の満足度、お客さんには関係ないから」

かなり割り切った考え方だ。

経営するということと、食堂で料理をつくって提供することは、同じではないという感覚なのか。

「お客さんの満足度が必ずしも利益につながっているとは限らないですからね」

「でも、今はお客の満足度とお店の利益がつながっていますよね」

「お客さん、来てくれているからね」

こう言って、天野は独自の経営論を語る。

「来なきゃ、辞めるだけですよ。僕は困らないから。困るのはお客さんの方なんだから。僕は何も困らない。違うことをやればいいんだから。経営はお客さんのためではないですよ。自分のためです。お客さんには経営は関係ないですから」

ここまで言われると、別の角度から質問をしたくなる。例えば、会社の経営者はよく、「経営することで社会貢献をしたい」「経営するということは社会貢献である」という考え方を持っている。だが、天野氏はまったく違った。

「経営することで社会貢献って言ったたって、自分たちが儲けるだけ儲けて、儲けた部分からいくらかを社会に還元して、その行為をさらに儲けに繋げているわけでしょ。偽善者じゃないですか」

なるほど、経営の中に社会貢献を組み込んでいる経営者の理念は、経営と社会貢献の間にはっきりと線引きをしている天野氏とは真逆の考え方だ。

では、天野にとって経営者の社会貢献とはどういうことを言うのか。

「普段からやっていることが社会貢献と言えるのかどうか。貢献しているつもりもないですし」。

「今、お金儲けをして、何かやりたいことはありますか」という質問に対し、天野はこう答えている。

「ないです。遊びに行きたいくらいです。欲という欲は叶えてきたから。自家用の飛行機に乗って、リムジンに乗って、SPを7人、8人置いて。逆に、金儲けの欠点が見えましたよね。どんだけ儲けたって、満足するまでいかないじゃないですか。食べることだったら、お腹いっぱい食べれば満足するじゃないですか。お金儲けって、悪魔ですよね。満足いくポジションが見当たらない。100億円が手に入ったって、もっと、もっと。5000億円までいったら、じゃあ1兆円まで。これがお金のマジックですよ」

天野は、会社経営者の社会貢献に「偽善」の臭いを感じ取っているようだ。

「マイクロソフトのビル・ゲイツだって、何十兆円と持っているのに、財団をつくって慈善事業をやるじゃないですか。要は、彼らにとってお金って、アイデンティティー、自分の存在価値を確かめるための道具でしょ。クソくらえだって。日本でも事業に成功した人は財団つくったりする。バカじゃないの。どこまで行ったって、自分の存在でしょ。ルック・アット・ミー。俺を見ろということを、いろんな優しい言葉を使って、言葉巧みに言い換えているだけだよ。しょせんはその会社の社長の自己満足ですよ」

天野のいらだちは止まらない。

「社会貢献とか立派なことを言っている経営者ほど、社会をまったく見ていない。お客さんを巻き込んで、自己満足することをやっているだけのことじゃないですか。経営は儲けることでしょ。だって、野球って何ですか。ヒットを打つこと、ホームランを打つことじゃないですか。人を感動させることじゃないでしょ。テレビのCMで、企業が『私たちはこんなに樹を植えています』って。1本のCM作るのに何千万かかってるんですか。5000万かかっているなら、その5000万でお客さんと一緒にもっと樹を植えたらいいじゃないですか。お前たちが環境を壊すものを売っておきながら、しかも客を巻き込んで、何が良いことなんですか。それを良いことと捉えている視聴者も、頭おかしいですよ」

天野の話を聞いていると、今の企業社会の社会貢献を見た時、考え方がまったく転倒しているように感じる。むしろ、「経営とは金儲け」と言い切る天野氏の方が、本当の意味の社会貢献をしているように思えてくる。

天野の主張は、一点の曇りもない。

「だって、経営って経理を営むって書くんですよ。僕の考え方のほうが、多数決で受け入れられるはずですよ。それを、オブラートに包んで、いろいろなフィルターを取り付けて、『経営で社会貢献をしたい』と言っているヤツが馬鹿なんじゃないですか。『経営って何?』って、僕から言わせれば、その質問は『紙はなんで燃えるの』って聞かれているようなもんですよ。エリートはこう言うでしょ。『酸素があって、ああでこうで』。違いますよ。燃える物質でできてるから、燃えるんだよ。当たり前のことを当たり前に言えないで、飾りをたくさんつけて自分を良く見せようとする。人は何で死ぬのか、生まれてきたからでしょ。生まれてこなけりゃ、死なないですからね」

ここから、「適正なものを適正な価格で」という発想も生まれてくるのである。

その一方で、社会貢献という意味合いからは少し外れるかもしれないが、天野は周辺地域を大事にする。定食酒場食堂を経営するうえで、地域貢献を強く意識しているのだ。経営と社会貢献を切り離す天野だが、意外にも地域に対しての心遣いは忘れない。そのことがわかったのは、店内に置かれていた昔懐かしいパッケージのボンカレーだった。近くの商店で買ったという。その理由を聞くと、「その地域で儲けているんだったら、その地域にお金を落とそうということですよ」。利益や儲けを地域と共有しようということなのか。「そりゃ、そうですね。この地域でお金を儲けさせてもらっているんだから、近くのおばちゃんのやっている商店でお金を使わせてもらうのは当然です」。意外にも、天野の答えは明快だった。

その日の取材が終わると、わたしはその足で天野がボンカレーを買ったという商店に向かった。歩いて30秒ほど。「渡部商店」という看板が見える。外観からして、昔ながらの商店だ。

店内に入って取材の意図を告げると、店主・渡部秀男さんの妻・恵子さんが快く応じてくれた。以下は恵子さんの話。定食酒場食堂が地域からどのように見られているかがよくわかるはずだ。

店ができたころ、あいさつに来られましたよ。それからよく店に買いに来てくださっています。「これいくら?」「〇〇ない?」とか面倒なことを言う人じゃなくて、自分の欲しいものを持って「これだけちょうだい」って言って買う人ですね。

しばらくして、テレビで見てね。野菜を仕入れている八百屋さんが出ていて、「これは天野価格だ」って言っていて。その時に初めて、あの人は天野さんっていう人なんだと知りました。前から顔はわかっていたけど、名前は知らなかったから。

私が思うには、気配りとか、そういうのが凄い人ですよ。どういうところって、常に見ていて思います。やっぱり、人を大事にするんじゃないですか。だから、あんなに流行るんだと思います。食べに行ったことないから、わからないですけど。いつも店の前に人がいますから。夜なんて、すごい楽しそうですよ。お客さん、いっぱい入ってるし。

でも、すごいと思うわ。よくあれだけのお客さんをさばいてるなって。どうやってやってるのかと思っちゃうもん。手伝いに行きたいけど、体が動かないから手伝えないし。

定食酒場食堂ができたおかげで、通りに人の流れができました。できる前は、お昼の12時すぎても誰も人が通らない。時計を見て、もう12時なんだってわかる感じ。

このへんは、昔は坂を上がって住友さんとか、熊谷組さんとか、大きな会社がいっぱいあったんですよ。その社員さんがお客さんだったんです。でも、みんなマンションになっちゃって、会社が引っ越してなくなってしまったんです。マンションの住人は昼間はお勤めしているから、お客さんにはならないし。もう、うちのようなお店はいらないですよね。時代とともに。息子はやる（継ぐ）って言ったけど「ダメ」って言って。「こんなところで商売やったって、食べられないよ。ここは終わりにするから、サラリーマンでもやって」って言いましたもん。

天野さんとはよくお話はしますよ。どんな話って、決まってはいないですけど。1回ね、すごく寒い日に。土曜日だったかな。「豚汁、作ったんですよー」って言って、持ってきてくれたことがあったの。魔法瓶に入れて。うれしいですよね。たぶん、隣近所を大事にしている人じゃないですか。とにかく、いい人だと思います。

ここらへんは、昔はなんにもなかったんですよ。早稲田の鶴巻町でお店をやっていたんですけど、ここへ引っ越してきて。いつぐらいかな、ここへきて4、5年して三島由紀夫さんの事件（1970年）があって。引っ越してきた時は、民家ばかりで、お店は鰻屋さんだけでした。当時、叔父叔母が坂の上（四谷三丁目方面）でお店をやっていて、「ここでお店をやる」って言ったら、「あんなところにお店出したって食べていけないよ」って言われましたもん。それくらい、辺ぴなところでした。

ここは、商売はダメだと思いますよ。よっぽど、定食酒場食堂さんのように特徴のあるお店を出さないと。われわれみたいな平凡なお店は難しい。もうウチら年だから、お店閉めようと思っているから、品物をどんどん少なくしてるんです。今は夜8時半まで。昔は9時までやってたけど。年とともに短くなって。これからどんどん短くなるよ。お客さんも高齢化で、若い人はコンビニでしょ。うちに聞きに来るもん、「コンビニ、どこですか」って。時代なんですから、しょうがないですよ。どう足掻いても。そんなご時世ですから、定食酒場食堂さんが一生懸命やってくれれば、うちらもうれしいですね。なんでも賑やかな方がいいです。

いずれ、店を閉めるらしい。「何年後とか決めているんですか」と聞くと、「決めてない。だって、やることないから。アッハッハッハ」。「元気なうちはやるんですね」と念を押すと、「元気じゃないよ。お父さんは、もう80だよ」と豪快に笑った。

店内を見まわして、思わず、「これは何屋さんと言えばいいんですか」と聞くと、「アッハッハッハ」と大笑いした後で、「よろずやさん」。「昔はお店がなかったから、何でも買いに来るわけ。それこそ瀬戸物から何から何でも置いていました。防衛庁（現防衛省）ができてから、どんどんお店ができて。だからわれわれは日陰のお店になりました。ぜんぜん儲かってないから。アッハッハッハッハ」

恵子さんの底なしの明るさが、救いに感じられた。

事実、この人通りのなかった裏通りに、天野は、人の流れを作ったのだった。

ほかに、天野の地域に対する助け合いの気遣いは、実際にあったこんなエピソードでも裏付けることができる。お米が高騰した17年、近くの中華料理屋に定食酒場食堂のお米を分けてあげたのだ。お米の入手に悩んでいた中華料理屋の店主が「お米をお願いできないか」と相談しに来た。たまたま余裕があったので、仕入れ価格と同じ値段で譲った。利益は1円もとっていない。

「入ってきたものを入ってきた価格で。ウチは炊いたお米を売って儲けているんであって、炊いていないお米で儲けているわけじゃないから。その代わり向うも、中華料理で使うゴマ油を安くわけてくれたり、回鍋肉（ホイコーロ）に使うタレを無料で作ってもってきてくれたり、使わなくなった茶碗も譲ってくれたりしてくれました。地域で困っていることがあれば、お互い様です」

これら渡部商店と中華料理屋のエピソードを通じて、定食酒場食堂が地域にとってどういう存在なのかを理解することができる。

第2章

定期券を買って通う常連客が

店内壁一面に無造作に貼られたお品書きとは別に、定食酒場食堂には〝正規版〟の冊子メニューが存在する。改めて確認してみよう。

メニュー冒頭には店舗説明文。これは第1章で紹介した通り。以下は、種類別に整理されたメニューだ。

◆定食酒場食堂　四谷名物
288円　日替わり定食
ごはん　みそ汁　お替り自由　おかず　副菜付
※生卵はお一人様1個どうぞ！　2個食べたら、出入禁止‼
お酒呑まれる方には、お通し288円で
ご飯・みそ汁・生卵一個が付いてます。
当店は居酒屋ではありません！
食堂です！　時間制はありません。
ごゆっ〜くりお楽しみください！
昭和の旅人より

◆お食事メニュー

◎しょうが焼き定食　４２０円
豚ロース１枚肉を使用した昔ながらの味
◎から揚げ定食　４２０円
当店オリジナル　秘伝のタレ!!
◎豚スタミナ定食　４５０円
テレビ、ひるナンデスでも話題になり
オードリー春日さんがお気に入りの一品
◎牛すき定食　６８０円
国産和牛メガネ使用
旬なやさいを使用した牛すきです!!
◎豚焼き肉定食　５８０円
◎豚カツ定食　５００円
◎肉やさい炒め定食　４２０円
◎野菜炒め定食　４５０円　〔サラダ付き〕
◎生やさいサラダ定食　４５０円　ヘルシー
◎アジフライ定食　４２０円
◎玉子焼き定食　４２０円

◎ざんぎ　（並）４８０円　（大）６８０円
※トッピングを注文もできます。

揚げ物
◦いかフライ　１００円
◦コロッケ　60円
◦アジフライ　１８０円
◦メンチカツ　１５０円
◦揚げギョーザ　１２０円
◦揚げ焼売　１５０円
◦ぶ厚いハムカツ　２７０円
◦豚串カツ　１本２２０円
◦から揚げ　１個50円
◦串玉ネギフライ　２２０円
◦おまかせ揚げ物盛り合わせ　５００円

炒物
◦ＴＨＥ昭和ウインナー　１本30円

○玉子焼き　１２０円
○ソーセージ　１本60円
○超スゴイ目玉焼き　５００円
○デカイ玉子焼き　５００円
○豚キムチ　４２０円
○豚ローステーキ　５００円　マスタード正油で！
○肉やさい炒め　４２０円
○酒にあう玉子焼き　２４０円
○おまかせおつまみ　５００円
○本日の煮物　50円　人気
煮ｏｒ一品
○つけ物　30円
○冷奴　１５０円
○キムチ冷奴　２３０円
○肉じゃが　１８０円
○豚しゃぶポン酢　４２０円
○牛すき焼き　５８０円

。サバ味そ煮　450円

。むし鳥のわさび正油　480円

まだまだ続く↓

◎ナポリタン　80円

◎THE昭和やきそば　220円

◎北海道ざんぎ　(並) 480円　(大) 680円

◎ポテトサラダ　100円

◎パスタサラダ　100円　作り置きなし　注文が入ったら作る

◎サラダの盛合わせ　400円

◎ラーメンサラダ　450円　北海道　お時間かかります!!

◎目玉焼き　150円

◎なっとう玉子焼き　220円

◎日本の炒飯し (イタメシ)　280円

◎生やさいサラダ　100円

◎ビールに合うやきソバ　250円

七輪炭火
ジンギスカン　北海道直送
○特上ラム　７２０円　１００g
○ラム　５８０円　１００g
○マトン　５２０円　１００g
※お一人様２００gまでとさせて頂いておりますが、３０００円以上お支払いしても
いいと言うお客様は上限は、ありません！
○別盛りやさい　２００円

清水漁港直送　網焼き
○特大トロアジ　６８０円
○まぐろカマ　５００円
○ロース豚　５００円
国産地鶏
○手羽先　１本２２０円
○ウインナー　30円
○ソーセージ　60円

。ハム　２７０円
。網焼きとり　１８０円
他色々と!!
その他、メニューないものが壁一面に掲げてある。
以上が主な通年メニューだ。
そして、18年6月からは、メニューがバージョンアップし、以下のメニューが加わった。

網焼き
☆薩摩純然鶏　手羽先　一本　２５０円
☆薩摩純然鶏　手羽ギョーザ　一本　３５０円
☆薩摩純然鶏　鶏レバー　１８０円
☆薩摩純然鶏　ムネ肉　２２０円（要確認!?）
☆コロコロ　とり　１個　65円
※薩摩純然鶏とは、鶏エサに一切の抗生物質を使用していない自然の鶏です。
☆ロース豚　５００円（マスタード醤油でお召し上がりください）
☆地元肉屋特選　豚スペアリブ　５００円　期間限定商品です

☆和牛　カルビー　　１枚売り　一枚１９０円　一枚二枚食べたい人の為に……
☆ウインナー　１本30円　☆ソーセージ１本60円
☆ぶ厚いハム　２７０円
☆その他、網焼きは、その時その時の食材があります。スタッフまで……

北海道ジンギスカン　関東では当店でしか食べれません
☆特上ラム　一人前　７２０円　一頭の羊から６００~８００グラムしかとれない希少ブイ
☆ラム　一人前　５８０円
☆マトン　一人前　５２０円
☆別盛り野菜　２００円　ジンギスカンはもやし命
※定食酒場食堂の３０００円以上頂きませんシステムをご利用のお客様、ジンギスカンはお一人２００グラムとさせて頂きます。
※３０００円以上使いたい、もっとジンギスカンばかりを食べたいというお客様には、２００グラム上限はありません。沢山お召し上がりください。それでもたぶんお一人様５０００円くらいです

さらに、6月からは9月末までの期間限定でリニューアルした「夏メニュー」版が登場している。ただのメニューというより、所々に天野の遊び心が垣間見える読み物といってもよい。本来ならスキップしても差し支えないが、定食酒場食堂の大きな特徴の1つを表していると思われるので、以下、あえて掲載する。ぜひ、他の食堂、居酒屋のメニューと比較してみてほしい。

サラダ

☆葉物サラダ（レタスや、キャベツ・小松菜・サニーレタス・旬な物を使用）１００円
☆新作　キュウリ豊富　マカロニサラダ（夏限定）１００円
☆ダイコンしゃぶサラダ　１００円
☆生搾りオレンジ・フルーツ等サラダ　２５０円（たぶん女性に人気）
☆豚しゃぶ自家製ドレッシングサラダ　３８０円
☆ツナサラダ　２８０円
☆その時のサラダ　１００円（その時の仕入れ状況によります）
☆おまかせサラダ　３００円
☆作り置きなし・頼まれてから作る・パスタサラダ（マジかよ？　マジだよ！）１００円
※人気だったポテトサラダは、秋に復活します。

炒め物　炒め物につきましては20時にて終了となります。（ご予約の方は別）
☆豚キムチ　４２０円
☆激辛豚キムチ　（作る方も大変、咳き込むし目は痛いし、食べる方も大変、被害者続出）
４５０円
☆大きな玉子焼き　５００円（ほんとーに大きいよ）
☆玉子焼き　１２０円　塩コショーのシンプルな昔の風味
☆野菜炒め　４２０円
☆肉野菜炒め　４２０円
☆ＴＨＥ昭和・しょうが焼き　４２０円
☆豚スタミナ焼き　４５０円
☆豚焼肉ピリ辛　５８０円
☆豚スタミナ　ステーキ2枚　６２０円
☆当店名物　ナポリタン80円　昔懐かしい味人気ＮＯ１
☆焼きそば　２２０円
☆その他、その時の状況に炒め物、スタッフに聞いてください。時価

☆おまかせ炒め物　５００円
☆お通し　２８８円　ごはん（お替り自由）味噌汁（お替り自由）生卵一個がついてます。
☆お通しお替り　２００円
※その他メニューに無い炒め物が多数ございます。僕にお聞きください。
　その辺にいます。

　箸休め
☆漬物　30円
☆キムチ　80円
☆本日の煮物　50円
☆冷奴　１５０円
☆あるときは？　ほうれん草のおひたし　80円
☆旬な物　出えとこ勝負　２００円以内

　揚げ物
☆から揚げ一個　50円（お替り禁止）
☆北海道　ザンギ（並）　４８０円

☆北韓道　ザンギ（大盛り）　６８０円
☆昔ながらのうす〜〜〜いトンカツ　５００円
☆鮭フライ　５００円（冷凍食品じゃねぇ〜よ！）実はメンドクサイからやりたくない
☆アジフライ　１８０円（既製品冷凍食品です）
☆イカフライ　２２０円（既製品冷凍食品です）
☆昔なつかしいパンの耳揚げ　25円（ある時は、お出し出来ます）
☆ウインナー天　３５０円
☆ソーセージ天　４５０円
☆たまにある・サツマイモ天　25円
☆たまにある・カボチャ天　25円
☆その他旬な物を使用した、揚げ物　たぶん１００円〜５００円くらい（盛り合わせ）

煮・蒸し
☆おつまみ煮魚　３２０円〜４５０円（その時のお魚によります）
☆大根と豚の煮物　４００円
☆週に一度しか無い和牛メガネを使用した大根煮　５００円

☆その時勝負・その時しか無い煮物　50円〜４００円
☆豚大根煮　３５０円
☆蒸し鮭　５００円（入る時と、入らない時があります。入っていればラッキー）

突如出没する　偏屈なメニュー
☆☆ピッタリ１０００円呑みセット☆☆夏季限定ね
☆お通し２８８円（ご飯味噌汁お替り自由付）生卵お一人様一個サービス
☆もう一品おつまみ
生ビール、ハイボール、焼酎、サワー、二杯　いずれか二杯どーぞ！
普通に換算すると、
お通し２８８円＋もう一品おつまみ３５０円＋生ビールジョッキ３５０円
＋ハイボールジョッキ３５０円＋＝１３３８円、消費税入れて１４４５円
なんだ、４４５円しか、得しないいんだっ？
あっはは、これで終わる定食酒場食堂の天野じゃ無い。
更に、店からのプレゼントとしておつまみもう一品と、お酒もう一杯だ！
すると、生ビールジョッキだとして、３５０円

おつまみ350円だとして、！っ！っ！
もう計算しなくていいでしょ
つまりお酒3杯、おつまみ3品ですね
※混雑時、長時間いられるお客様を、追い出すことがあります。気を利かせてください。

☆〆のラーメン　300円　100％インスタント　でも〆には、これがうめぇ〜んだな
☆昭和を生きた　大人の不良たち　チンピラごぼう　ピリ辛　250円
☆超スゴイ目玉焼き　500円　女性人気です。しかし忙しい時は無理……空気読んでね
☆日本の炒メシ　288円　昔ながらの日本の炒めたごはん
☆たまにやります、豚串カツ1本　220円　これ串刺すの、めちゃくちゃめんどくさいのよ！
☆月に一度しか作らない　カレーライス　500円　店内にカレーの匂いがしたらあるよ
☆豚玉　420円　スタッフ料理です。僕は作りません。当店りえちゃん料理

☆狂った果実　15円　大量に果物が入る時があります、その時にやってます
☆ナス天　25円　大量にナスが入荷し、尚時間がある時にやってます
☆丸ごと一本　トーキビ（トウモロコシ）25円　真夏に出没します
☆頼んだお客様怒り出すサラダ　食えるわけ〜ね〜だろ　２００円　なら頼むな
☆おつまみ爆弾盛り　５００円　５〜６人の宴会に良いかと思います。
☆ロシアンルーレット　素材はおまかせ下さい　５００円　イタズラ好きには最高
☆当店はメニューに無い物が沢山ございます。スッキリした物が食べたい、コッテリが食べたい、ネチッコイ物が食べたい、言ってください。５００円くらいですが、お作り致します。

ドリンクメニューは冊子にはないが、生ビールが２９０円。サワー類や焼酎、日本酒は壁にこんな張り紙がある。

たぶん人気であろう
定食屋のサワー
。なんでも割サワー

○コーラサワー　４５０円
○グレープサワー　４５０円
○たぶんある　レモンとライムダブルサワー　４５０円
○生搾りパインサワー　４５０円
○生搾りキウイサワー　４５０円
○生搾りレモンサワー　４５０円
○緑茶割り　３９０円
○ウーロン茶割り　３９０円
○ゆずサワー　４５０円
○みかんサワー　４００円
○リンゴサワー　４００円
○カルピスサワー　４００円
○あるときは　ぶどうサワー　４２０円
○梅干しサワー　３８０円

飛騨　一蔵元の隠し酒
辛口　限定品　￥４５０

秋田の銘酒　美酒爛漫
熱燗で　￥450
チョーヤ梅酒　本格梅酒
ブランデー仕込み

このほか、下町系の居酒屋でお馴染みの、茶色の瓶に入った麦酒様清涼飲料水「ホッピー」。そして、ホッピーと相性が良いとされるキンミヤ焼酎。わたしの取材時には、カウンター上に、霧島酒造の本格焼酎「赤霧島」「茜霧島」（黒霧島ではない）や中俣酒造の芋焼酎「薩摩　桐野」、白露酒造の芋焼酎「幻の露」、バーボン「I.W. ハーパー」などが置かれているのを確認している。

さらに、定食酒場食堂が他の居酒屋と一線を画すのは、日本酒好きなら誰もが知る旭酒造の「獺祭」だ。値段はなんと1合550円。この価格設定がどれだけすごいことかは、それなりの日本酒を揃える小料理屋などに行って実際に頼んでみればわかる。

しかも「獺祭」の出され方が半端ではない。たいていの店であるような、一合升の中のグラスに注がれるのではない。もちろん、徳利とお猪口で出されるのでもない。信じられないかもしれないが、大人用のごはん茶碗になみなみと注がれるのだ。実際、わたしが夜の定食酒場食堂で取材中、「獺祭」の一升瓶を抱えた天野が客席を回り、希望者にごはん茶碗で振る舞う姿を目撃している。

ここまで来ると、ラベルは「獺祭」だが、中身は違うのではないかと疑う人がいるかもしれない。しかし、酔っ払いの舌は騙せても、酒屋の舌は誤魔化せない。別の取材の日、たまたま近くの席に酒屋の店主をしているという中年男性がいた。その男性は「獺祭」を口にしながら、わたしに向かってしきりに「獺祭」を置いている定食酒場食堂のセンスの良さをたたえていた。

「食堂ですから、メニューの基本は家庭料理です」

天野は当然のように言う。

メニューは開店当初から40～50種類はあった。現在は60種類程度。店舗の品書きを見ると、ざっと１００種類はあると思うかもしれない。そのことを言うと、「目の錯覚なんです。トリックでそう見せかけている。初めてのお客さんは品書きを見て、『すごいメニューの数だよね』って驚かれるんですが、見た目の心理を利用したトリックです」。

メニューの選定の基準は、ほかで食べられなくて身近にあるもの。

「他のお店って、メニューにこだわるじゃないですか。そのこだわりは他店に任せて、ウチは家庭でふつうに食べているもの」

コロッケやメンチカツなどはその典型だ。

極めつけは、ナポリタン。

「昼は288円日替わり定食（ごはん、みそ汁お替わり自由）で一気に火がついたんですけど、夜はナポリタン80円で火がついたんです。ほとんどのお客さんは店に入って、まずナポリタンを頼みます。どこの世界に、生ビールとナポリタンを同時に頼むお店がありますか。お酒とナポリタンって、合うんですか？　だから、いちおう、ナポリタンはお酒に合う味で作っています」

わたしも取材中にナポリタンをいただいた。うまい。パスタの茹で加減もバッチリだ。日ごろ薄味を好むわたしが食べても、このナポリタンは味が整っている。後で偶然、同じナポリタンを食べた客が「今日はちょっと薄かったかな」と天野に言うのを聞いた。天野は、使う調味料の1つが切れたようなことを言ってすまなそうにしていたが、わたしはこの味が最高だった。

ある時、30代後半と思しき女性客2人がナポリタンを注文し、2人でなぜか神妙な面持ちで黙々と食べている姿を目にしたことがある。女性の1人がいう。「なんだろうね。ケチャップだけじゃ、この味はでないよね」。「うん」ともう1人の女性。このやりとりがあってから、2人は無言でナポリタンを口に運んでいた。

「差し支えなければ味付けのレシピを」

天野に聞いてみた。

「無理ですね」

「技がある？」とわたし。

「そう言われれば、そうですね」と天野。

「でも、味の素は使ってないですよね」

「使ってないです」

これだけは断言した。

レシピ以外で、天野がナポリタンについて話す時は、饒舌だ。


「ナポリタンは断トツ1位ですね。みんな『このナポリタン、うまいんだよ』って言ってくれています。たまにお客さんから言われるのは、『80円ナポリタンはあるのに、ナポリタンというメニューはないんですか』。ないんです。食べたかったら、2人前、3人前を頼めばいいんです。この前、初めてウインナーを入れてナポリタンを作ったんですが、多くのお客さんは、『余計なものを入れないで』と言ってくれています。ピーマンも玉ねぎもソーセージもない麺だけの昔ながらのナポリタンがいいみたいです。『もう本当に、麺だけの食感が懐かしい』って言いますね。ナポリタンは昔、喫茶店で気軽に食べられる洋食のひとつで、その味を知っている年配の方が喜んでくれています。みなさん『懐かしい』って言いますけど、お客さんの中には『昔のナポリタンって、こんなにうまかったかな』と不思議がる人もいましたよ」

ここで素朴な疑問が浮かぶ。そもそも、天野は料理人ではない。いったい、料理をどうやって覚えたのか。どこかで修行した経験はあるのか。

天野はこう打ち明ける。

「僕はいちおう、松本少年刑務所の松本食堂の総料理長でした。18歳から22歳の半ばごろまで。あれよあれよという間に出世して、最後は総料理長ですよ」

とはいえ、料理の基礎はその前から、十代のころに勉強しているようだ。

「自分で自営の仕事をしながら、夜は飲食店のバイトもしていたので、その時に身につけました。『どうやって作っているんだろう』『ああ、こういう方法があるんだ。なるほどなあ。でも俺の口には合わねえなあ』とか。いろいろな飲食店の現場に入りながら、料理する様子をこの目で見て、その手法を盗んでいったと思います」

たまたま食べに行ったお店でも、おいしいものを食べると、天野の興味は料理方法に向かった。ある和食レストランでのエピソードがある。席に着いて、最初に出された突き出しがとてもおいしかった。

「僕は『すみません。これ、めっちゃうまいんだけど、どうやって作ってるんですか』と平気で聞きますからね。店員は『少々お待ちください。私ではわからないので』って厨房に入って、「お客さんがどうやって作っているか聞いてるんですけど」と言うでしょ。するとコックさんが客席に出てきて、『料理方法をお尋ねされたのは、お客様ですか』『はい』『なぜですか』『いや、家で作って食べてみたいなと思って』『こうしてこうしてこうなんですよ』『ああ。じゃあウチじゃなかなかできないですね』『そうですね。かなり手間暇かかりますからね』って。でも、心の中では『なるほどなあ』と思っているわけです」

天野は「僕の舌は食品分析センターみたいになっています」と言う。和食レストランで突き出しの作り方を聞いた時も、実際は何の食材を使っているかはわかっていた。あとは、味付けの配合を知りたかっただけだ。コックさんの話を聞いて、天野は「なるほどな。そうすれば、この味が出るんだ。それなら自分で作れる」と確信したという。そうやって、いろいろなお店から料理方法を盗んでいった。

しかし、天野はもともと味にうるさかったわけではない。

「僕は素朴でシンプルな料理が好きなんです。その素朴さにおいしさを感じる。刑務所の食事って、素朴でしょ。あんなものをおいしいとは思わなかったですが、味付けはシンプルでしたね。あと、一度に大量に作るという経験をしたことは、貴重な経験として今に活きています。毎日400~500人分、作っていましたから。料理を完成させるまでの段取りも、そこで覚えました」

天野の味付けは、塀の中で出される普段の食事内容が大きく影響していることがわかる。それプラス、多くの料理人から積極的に盗んだ味付けをはじめとする料理手法の妙味。

ただ、わたしはそれだけではないと考える。

天野が飲食店のバイトやプライベートで食べに行った店から盗んだもの、それは、人の手で料理された、できたてのおいしさではなかったか。

よく、「冷めてもおいしい」という言い方をすることがある。しかしそれは、単純に「おいしいものはおいしい」としか言っていないに等しい。本当は逆で、むしろ「できたてアツアツでもおいしくない」という言い方の方が、料理の世界には当てはまる。実際、天野は外食から、そのことを学んでいる。

「基本的に人がその場で作ったものを食べたい。ただ、料理の研究で外食することもありますが、ちょっと高級なお店でも一口食べて、『ああ。味の素だ』ってがっかりすることも少なくなかった。そんなものを食べさせられると、『なに料理人を気取っているんだ、この野郎』って思いますよね」

ある飲食店に偵察に行った時の話。明らかに化学調味料の味がした。案の定、食べて次の日、天野は自分の顔がパンパンに腫れているのに気づき、驚いた。

「もう、ダメでした。もともと受け入れない体質なんですよ」

それ以降、外食の店選びは慎重にしている。特に、中華料理。店によっては、味の素（グルタミン酸ナトリウム）を大量に使用しているところがあり、怖くて絶対に食べられないという。

そんな天野の作る288円の日替わり定食は、瞬く間に四谷界隈で評判となり、定食酒場食堂にはリピーターが次々に生まれた。

ランチは前金制。入店時に支払う。かつては後払いだったが、食べ終えた客の支払いが殺到したため、改めた。

常連客の多くは回数券を利用する。回数券とは、20回分と40回分があり、それぞれ前払いで一括料金を支払う。1回1回の食券があるわけではなく、回数分の一覧表があって、1回来店ごとにスタッフがチェックして回数を把握するシステムだ。入店時に番号札を渡され、番号が呼ばれたら厨房前に取りに行く。ご飯とみそ汁、生卵は店の入り口付近にあり、それぞれセルフサービスになっている。

ここからは、288円ランチを実際に食べ、それ以降、定食酒場食堂に通い続ける5人の常連客の声を紹介する。

1人目は、斉藤秀樹さん。

午前11時開店の定食酒場食堂に、いつも決まって1番乗りで来店する。288円のランチを食べに行くというただそれだけの目的のために、電車の定期券を買っているという強者だ。

東京都練馬区在住。自宅のある都営地下鉄大江戸線の練馬春日町駅から、新宿駅で都営地下鉄新宿線に乗り換えて、曙町駅で下車する。自宅から店までドア・トゥー・ドアで約40分。片道の運賃270円。往復で540円。見ての通り、ランチ代より交通費の方がはるかに高くつく。1カ月間の定期代は1万590円。繰り返すが、定期は288円定食を食べるためだけの理由で買っているのだ。

定食酒場食堂に通い始めたのは、旧店舗から新店舗に移転した17年9月から。テレビで店が紹介されているのを見て知り、興味本位でお昼に食べに行った。

斉藤さんは当時をこう振り返る。

「おいしかったですよ。当時は松ちゃんと天野さんを入れて、3人ぐらいで店をやっていたんですよ。人手があったから、結構余裕があって、料理も今よりたくさんあったかな。副菜もいろいろ出てて。最初来た時に、ご飯とみそ汁が『すごいおいしいな』と思ったんです。精米も普通は9割くらいですけど、ここは違うみたいです。それから定期を買って、ほぼ毎日来ています」

「松ちゃん」とは、18年5月まで定食酒場食堂を手伝って、夜はギター1本でフォークソングの流しをして客を楽しませていた「流しの松ちゃん」こと松尾政之のことだ。この松尾のことは後に詳しく紹介するので、ここでは触れないこととする。

さて、斉藤さんが定食酒場食堂に着くと、店の前にまだ客は誰もいなかった。

「当時は開店が11時半でしたので、1時間前くらいに来て、近くに公園あるじゃないですか。そこで遊んでいて、店に来るのは11時10分とか15分とかでしたね。必ず、1番でしたね。今は

11時開店なので、10時半にはだいたい店の近くにいます」

その斉藤さんが客として来て、ボランティアで店の手伝いをするようになったのは、17年秋ごろ。「松ちゃん」が休暇で店をしばらく空け、もう1人いたスタッフが辞めて、人手不足に陥った時期だった。

「そういう状況があって、店の前でいつも通り並んでいた時に、いきなり声を掛けられたんです。手伝ってくれって言うから、『はい、わかりました』って。その日から、割り箸を補充したり、机を拭いたり、醤油を補充したり、フキンを用意したりしています。

基本、開店してランチを食べて、少し手伝って帰ります。今は天野さんと松ちゃんの2人でやっていますから（取材当時）、開店してバーッとお客さんが店に入ってくるじゃないですか。初めてのお客さんだったらルールがわからないので、お水の場所とかを教えたり。だいたい11時45分ぐらいには店を出て帰ります」

以後、斉藤さんはほぼ毎日、ボランティアを続けている。

なぜ、ボランティアをするのか聞いてみると、斉藤さんは少し考えて、こう答えた。

「このお店を開けないと困る人たちがいっぱいいるんです。本当は11時開店ですけど、お店には人がいないから11時15分になっちゃったりすることもあるんです。2人で回していて、さらに11時30分とかに遅くなったら、仕事の都合で食べられない人たちが出てくるかもしれない。そういう人たちが出てくるのを想像したくない。だから（ボランティアを）やっているんです」

仕事には差し障りがないのだろうか。

聞くと、「まあ、ないって言えばないし、あるって言えばあるし」。思い切って「お仕事はなにを」と振ると、意外な答えが返ってきた。

「トレーダーです。プロと言えるかどうかはわかりませんが、それでいちおう生活はできているんで。僕は基本、前場(株式市場が開く午前の部。東京証券取引所は午前9時から午前11時半)は動かないんですよ。上がっても下がっても、ずっと見てて。40分か45分ぐらいまで見て、それから電車に乗って定食酒場食堂に来る感じです。仕事はほとんど後場（午後の部。東京証券取引所は午後12時半から午後3時)です。今年はトレーダー専業になってからは3年目ですね」

トレーダー専業だと、どうしても自宅で部屋に籠りがちになるのは想像がつく。たまには外の新鮮な空気を吸いたくもなるだろう。ボランティアをするのは、ちょっとした気晴らしという側面もあるのだろうと想像するが、そうでもないらしい。

「それはないです。天野さんが、２８８円という値段でやっているじゃないですか。この値段じゃないと食べられない人もいるかもしれない。天野さんは口は悪い人だけど、そういうことを考えている人でもある。そういうところに共感して、店を成り立たせていくのをお手伝いしたいという思いがあるからですよ」

斉藤さんは、定食酒場食堂に来るようになる前は、昼はほとんど外食だった。

今後もずっとこの店に通い続けるのか質問すると、こんな話をしてくれた。

「ダーウィンの言葉で『強いものが生き残るのではなくて、変化できるものが生き残る』(『最も強い者が生き残るのではなく、最も賢い者が生き延びるでもない。唯一生き残るのは、変化できる者である』)っていうのがあるじゃないですか。これが僕の座右の銘なんです。できるうちはやっておく、できなくなればしょうがないですよね。そういう発想ですね。僕が来られるうちは来ようと思っています」

定食酒場食堂の何が、それだけ人を引き付けるのか。斉藤さんによれば、この店の魅力は、何といっても料理のおいしさだという。

「僕はお酒をほとんど飲めないので夜は4、5回しか来ていません。夜のことはあまりわかりませんが、昼は料理がおいしいですよね。某居酒屋チェーンではランチ500円の日替わり定食で、ご飯みそ汁生卵食べ放題をやってるじゃないですか。だけど、ご飯とみそ汁が滅茶苦茶マズイんですよ。ここは逆なんです。そこより安いんだけど、ご飯とみそ汁が滅茶苦茶うまいんです。もう、それが基本ですよね。あと、昼もお客さん同士の触れ合いはすごくあります。常連さんはみんなほとんどお互いわかっていますよ。みんな心の中で、助け合って、店を支えていきたいと思っているんだと思います。だから、このお店はみんなが居心地が良く感じられるんです」

2人目は、木村正彦(仮名)さん。

70代の現役マラソンランナーだ。定食酒場食堂の存在を知るきっかけも、ランニング中だった。

「1年ほど前から来ています。住んでいるのがここの近くで、マラソンの練習で走っている時にお店を見つけて、それで来るようになったんです。走っていて、『はあー、変なお店があるなあ』って思って、行ったら288円だったんです」

それから、やみつきになった。

「だいたい、毎日ですよ。アハハハッ。ランチの時はね。だって、この金額ではほかはないですから。おいしいですし。値段だけじゃなくて、ご飯もみそ汁もそうだし、料理の方もすべてとてもおいしいんで。夜も週2回くらいは来るんですけど、3000円を超えても3000円以上は頂かないんです。どれだけ食べても、呑んでも、3000円ですから。それは魅力的ですよ。僕自身の好みですけど、お魚がね、おいしくてね。静岡の清水から取り寄せていて。僕、大好きなんです。自分で焼いて食べるんですけど、備長炭でね、それがまた最高ですよ」

マラソンを始めて、もうかれこれ20年ぐらいが経つ。最初は健康維持のためだった。いまはフルマラソン大会に年に2回は出場する。ハーフマラソンも年2回くらい。練習で普段は皇居に行くことが多いが、たまに神宮外苑を走ることも。定食酒場食堂を最初に見つけたのは、神宮外苑に行った時だったと記憶する。普段の練習は週4、5日で1日だいたい10キロを走る。平均すると、月に150キロぐらいにはなる。取材時はシーズン中で、大会に向けて準備中だった。ベストタイムは若い時に出した4時間ちょっとくらい。いまは6時間前後。もうそんなスピードは出さないで、完走を目標にしている。

木村さんは、定食酒場食堂に通い始めてから、悩みが1つ増えた。ついつい食べ過ぎてしまうのだ。

「本当にご飯がおいしいんですよ。天野さんがおっしゃるように、おいしいお米を使っていますから。女房がいるんだけど、家で食べるご飯より、おいしい気がするんですよ。だから、この店に来ると、ご飯を食べ過ぎちゃって困っているんです。アハハハッ。食い過ぎちゃってサー。おいしんでね。最近は控えめにしているんだけど、それでも、お替り自由でしょ。料理もみそ汁もまたおいしんで、どうしてもご飯が食べたくなるんですよ。料理は野菜が多いでしょ。それが僕には非常にいいんです。肉類もありますけど、野菜がたっぷりあるんで。健康にいいですね。健康にはいいでしょうけど、体重を抑えなきゃいけないんで。それで、シーズン中ですから最近はできるだけ控えめにしています。レースの前なんでね。気を付けていないと、つい食い過ぎちゃうんです」


3人目は、大橋史治さん。

なんと、年間250日、定食酒場食堂に通う常連中の常連だ。45歳、会社員。

まずはその、通いぶりを聞こう。

「昼は月曜から金曜日の週5回。たまに土曜日に仕事がある時で週6回。つまり、僕の場合、会社がある日は『出社する、イコール、定食酒場食堂に来る』ということになります。会議があったりとか、外回りに行かないといけなかったり、そういう特別な理由がない限りは、必ず来ています。計算上、年間250日ぐらいですね。もう、第二の家ですよね」

やむを得ない事情がない限り、お昼は定食酒場食堂。これまでに、自分の気持ちによって行かないという選択肢、例えば「きょうは雨だから」とか「暑いから」といった理由でいかなかったことはない。それだけ通っていれば、たまには別の店で食べたくなることもあるとは思うのだが、聞くと「100%、あり得ないですね」。浮気は一度もしたことがないという。定食酒場食堂、一筋。

「生活の一部なんです。お昼ごはんの時間がくると、『あ、時間だ。行かなきゃ』となる。朝起きて顔を洗うのと一緒です。お昼の時間が近づいてくると、逆に仕事のペースを定食酒場食堂に行くために合わせるような感覚です。会社は仕事をしている人が自分の都合でお昼の時間をとってかまわないことになっていて、だから定食酒場食堂に合わせてお昼休みをとっている感じですね。

僕の仕事は特に冬場が忙しいんです。1月末から2月にかけてが繁雑期ですね。ですから毎週土曜日は仕事です。その時期は5週連続で6日間、定食酒場食堂でした。その期間、夜も1、2回は来ていて、ほとんど入り浸りでした。1カ月30日として、日曜日の4日間を除いて、あとは全部、お昼が定食酒場食堂ですから、そう考えてみればすごいことですよね」

ここまで来ると、かなりの定食酒場食堂マニアと言ってよい。

最初はやはり、安さに反応した。

「2年前（16年）の4月ごろに来たのが最初ですかね。ちょうど2年経って、3年目に入るぐらいです。２８８円定食って書いてあるのを見て、『えっ、安い。どんな店なんだろう』と思って入りました。食べたのは、からあげだったと思います。見ての通りの立派な定食で、『これで２８８円……。すごい』の一言。それからですね。初めて店に入って食べたその日に、次の日から休まず行こうと思いました。

たまにお店に来るというのではなく、この定食酒場食堂が第2の自宅みたいになっています。量もそうなんですけど、味付けが絶妙。家で普通に食べるような家庭料理の味なんですよね。材料からきちんと調理してくださって出てくるから、例えばコンビニで売っているものとか、弁当屋のお弁当とか、電子レンジで温めるだけのものとかとは違うわけです。当然、手作りのおいしさがあるし、何よりもそういう風に作ってくれれば、毎日食べても飽きないじゃないですか。

天野さんがすごいと思うのは、毎日、味を微妙に変えながら作って出しているところでしょう。だから、同じような料理に見えても、同じ味ではない。ただ、私個人で言えることは、まったく同じ料理が続いたとしても、たぶん来ますね。同じものでもおいしいし、飽きない。絶対に飽きないですね。チェーン店や他の店で食べることができない、定食酒場食堂にしかない味があると思います」

通っているうち、いつしか、天野から声をかけられるようになった。

「通い出して何カ月かは、特に名前とかもお互いに言わずにいたと思います。この時間にこの人が来てくれる、何となく来て、何となく定食を出してもらう感じが続いて、それからですね。この時間にこの人が来てくれるという風に天野さんも思ってくださったのでしょう。『きょうの料理はこんな感じで作ったんですけどどうですか』みたいに話しかけてくれて。食べてみて、『きょうのこれはおいしいですね』とかです。そうする中で、天野さんが既定の量以外で『よかったら、これどうぞ』という感じでサービス品を出してくれたりしました。当然、『すいません。ありがとうございます』みたいな形で。そういうのは何度もありましたね。

いつからか、常連の仲間に入れてもらえたんでしょうか。常連さんはたくさんいらっしゃると思うんですけど、本当に個人的に良くしてもらっているので、感謝しています。逆に、僕の方こそこのお店に来させてくださいっていう思いがあります。おいしい料理を食べさせてください とお願いする気持ちです」

そして、客である大橋さんの方が、誰に言われるでもなく、自主的に店のことを気遣うようになる。

「最初の頃は、食べ終わったら『ごちそうさま』と言うだけで、そのまま店を出ていくだけでした。だんだん『それは失礼だよね』という思いが出てきて、食べ終わった食器を自分で下げようとか、テーブルを拭いていこうとか、あと、初めてで店のシステムがわからない人には『あそこにご飯がありますよ』とか教えてあげたり。

それは僕だけじゃなしに、周りのお客さんが自然にみんなそういう風になって、僕も同じようになっていったのだと思います。やってとか、何も言われていないんですよ。でも自然にそういう風にしようという気になっていった感じです。良くしてもらっているなら、良くしてもらっている人に対して良くしてあげたいというのは、人間の心理として当然じゃないですか。そういう気にさせてくれるというのが、この店のすごさだと思います。僕だけじゃなく、みんながそう思うんだから、すごいことです。

食べ物だけじゃなく、お店の全部に味があるんです。そういうところも大変気に入っています」

ところで、外食というと、一般には味付けが濃かったり、野菜が少なく、油分の多いものが中心だったりすることが少なくない。健康のことを考えれば、外食はほどほどにというのが一般的な考え方だろう。しかも、同じ店の料理ばかり食べるのは、その店特有の味付けの傾向があるから、なるべく続けては避けた方がいいとも言われる。しかし、そんな心配は、定食酒場食堂に限っては杞憂のようだ。

大橋さんは言う。

「むしろ、健康に良いんじゃないですか。世のお母さま方が家で料理をする時に、スーパーなんかで買い物するじゃないですか。健康のために、出来合いのものじゃなくて、きちんとした手作りの料理を作ろうとする。そういう手作りの料理を毎日、普通に定食酒場食堂で食べているようなものです。体に悪いわけがないですよね」

昨年、実際に起きたあるエピソードを教えてくれた。

会社のメンバー数人がしばらく大橋さんと一緒に定食酒場食堂に行き、288円ランチを食べ続けていた。すると、どうだろう。

「1年に1回の会社の健康診断があって、偶然かもしれませんが、その一緒に行き続けていたメンバーみんなの診断結果が、前年より良い数値だったんです。みんな、『定食酒場食堂で野菜とかをいっぱい食べたからかな』と言っていました。実体験として、その年に本当に健康になったのは事実なんです」

もちろん、はっきりとした因果関係はわからない。ただ、まったくありえない話ではないとわたしも思う。少なくとも、他の外食をするよりは、定食酒場食堂で食べた方が安心安全の傾向は強いと思えるからだ。しかも、1年かければ、その差は歴然とするだろう。健康診断の数値は、あながち嘘ではないはずだ。

今は昼専門の大橋さん。

「帰り道の方向が反対ということもあって、夜はなかなか来られません。でも、たまに、月に1回は来たいなとは思っています。いずれにしても、店をやられる限り行き続けますし、僕も転職でもしない限り店には通い続けます。定食酒場食堂が好きなので、いつまでも応援したいと思っています。でも無理に『ファンなんです。この店にすべてを捧げます』というのと違って、自然体でいきたい。すごくシンプルに、普通に店に来て、普通に食べて。そういう感じが続いていけたらなと思います」

現時点で、288円ランチの1位、2位を争うディープな常連客にして、このフラットな構え。おそらく、この構えは、多かれ少なかれ定食酒場食堂を支持する人たちに共通するある種の本音だと思われる。のちに改めて触れることになるが、この暗黙の心情こそ、ほかならぬ定食酒場食堂とその支持者の独特の質を象徴するものなのだ。

4人目は、木下宏一さん。29歳。序章で紹介した定食酒場食堂の最古参の常連の1人、高津さんの会社の後輩だ。同じ会社の川口敦子さん（後述）と2人で288円定食を食べに来店したところをお願いし、話を聞いた。

木下さんは旧店舗時代の弁当を買っていた。

「ここに来る前は、お昼は近くの店に入るか、時間がなければコンビニで弁当とかを買って。ここの弁当を知ってからは、基本、ここの弁当を買っていました。旧店舗はアメリカンっぽい雰囲気だったんですけど、今は全然雰囲気が変わって、いい感じですよね」

高津さんから定食酒場食堂の288円定食の話を聞いて、次の日に来店。以来、月曜日から金曜日まで、ほぼ毎日通っている。

「このメニューで288円なら、毎日通ってもいいかなと思いました。その日に何を食べたかは覚えていないですけど、最初はスパゲティとか、ベーコンと卵とかのイメージがありますね。日を重ねるごとに豪華になっていきました。2、3カ月経って、プレートでおかずが出てきたり、小鉢が付いてきたり、店もいろいろ試行錯誤しながらやってるようでした。今はレギュレーションがだいたい決まった形ですが、当時は何でも出てくる感じでしたね。味もおいしいと思いましたよ。最初は今より濃い味付けだったと思いますが、濃いのは嫌いじゃないですし、おいしいと思って食べてました。ご飯、みそ汁がお替り自由で、最初は有り難かったです。でも食べちゃうんで、太りましたね。太ったから、あんまり量を食べなくしました。今はごはんは一杯に収めるようにしています」

天野と話すようになったのは、店に通い始めて2週間目くらい。

「ほぼ毎日、同じ時間に来てましたので。メニューの内容とかですかね。それから色々な話をして。最初は怖い人だと思ってたんですけど。スタッフの方を怒鳴られたりしてましたから。忙しかったんでしょうね。でも全然優しい人で。ざっくばらんに話をさせていただいています。最初は変わった店だなという印象はありましたけど、毎回来ていると、それがまたいい感じじゃないですか。何かとイベントが多い店だな、と。個人的にはそういうのも含めて、この店の魅力だと思います。潰れないでほしいですね。この金額で自分の家計もやらせてもらっているんで、潰れたらもう、行くところないよ、みないな感じですよね。この辺は、普通にランチ食べたら800円とか1000円くらいですから。この店来て、金銭感覚的にスターバックスのコーヒーを買えなくなっちゃいました」

5人目は、4人目の木下さんと相席していた川口敦子さん。31歳。初来店は17年秋ごろ。初来店の印象がふるっている。

「最初に来たのは、昼じゃなくて夜なんです。2階の席でした。飲み友達が『敦ちゃんの会社のそばにある80円のナポリタンの店に行きたい』って言うから、『あ、いいよ』って一緒に来ました。その時は常連じゃなかったから、なんか、すごい扱いをされたんです。それが面白くて。『すいません』って言うと、『あ、いま忙しいんで』って。5回ぐらい繰り返して、6回目ぐらいでやっと聞いてもらえるみたいな感じで。自分でやるにもやりようがわからないから、ボッチでした。何も（食べ物が）来ない。で、『これ、ありますか』『ないです』『これは』『ないです』『これ』『ないです』。『ないです』『ないです』って言われて、結局、お任せで。最初からお任せを勧めてくれればいいのに、と。でも、味はおいしいと思ったんで、昼も来てみようと思って、来始めた感じです」

天野の印象も鮮烈だった。

「お昼に連続して3回ぐらい来た時に、天野さんから『今週、来てる子だよね』って言われて。

『そうですー』みたいな感じで。そしたら、デザートくれました。バナナのシャーベットみたいな、スライスして凍らせたやつです。それから天野さんとお話するようになりました。ほかの店員さんは忘れてたみたいですけど、天野さんは『じつは敦ちゃん夜来たことあったよね』って。ぞんざいな扱いされた日を覚えてくれていたんです。最初の印象は『ちょっとヤバイ人かな』でしたが、でも話すと優しいし、面白いですよ。私の足のむくみまで、気が付いてくれるんです」

女性の立場から、定食酒場食堂の味をどう見ているかを聞いてみた。

「今はお昼に週2回ぐらいです。味は男性向けだとは思いますけど、まあそれはそれで楽しみかなと。日替わりメニューも男性的ですけど、週2回くらいだったらいいかなと思いますね。」

ここ半年は川口さんのような女性客が増えたようだ。当然、天野は変化に敏感に反応し、味付けなどを変えている。「一時期はガッツリ系の男ばっかりでしたが、最近は女性客が増えたんで、昼はニンニクを使わないようにしています。ニンニクばっちり入ったペペロンチーノも最近は出してないですから」と天野はいう。

最後に、288円定食に関するとっておきのエピソードを紹介しよう。

語り部は、前出の「流しの松ちゃん」こと松尾だ。

「入店して席について、おかずが出てくると、みんな食べないんですよ。しばらく、こうして、じっと見ている。『これで288円???』。頭の上に???が浮かんでいるんでしょうね。写真撮って、食べても、まだ考え込んでいる様子。『信じられない』って。ある日、185センチくらいの背の高いスーツ姿のサラリーマンが1人で来店したんです。席に着いた後、トイレに入った。トイレから出て席に戻ると、料理が出ているわけですよ。じーっと料理を見た後で、その男性が真剣な顔して『すいません。僕、288円の日替わり定食を頼んだんですけど』って。『出てるじゃないですか』と言いましたよ。そしたら、『えっ!』って。その時の天野さん、厨房で大笑いしてましたね。そういうことを経験してますから、僕らは自信もって提供しています」

当初はみんな、多かれ少なかれ半信半疑だったのだろう。新規の客の多くは、入って来た時の顔と、出ていく時の顔がぜんぜん違ったという。288円定食は、今や完全に定食酒場食堂の〝専売特許〟と言ってよいだろう。

「この世のおわりまで　このかかくでやってやる　288円」

お品書きと並んで、定食酒場食堂の中央の壁には、天野のこんな強い決意が高々と掲げられている。

第3章

ロス・ゼロを目指せば成り立つ経営の極意

定食酒場食堂は18年3月、前身のアメリカンバーから数えて、オープンから丸3年を迎えた。4年目に入り、店は昼、夜を問わず、相変わらず「満員御礼」の日々。入りたくても入れない「超難関」の食堂となっている。

そんな超人気店の定食酒場食堂だが、店の裏側はどうなっているのか。これまでわたしは、昼はご飯みそ汁お替り自由、生卵1個付きの288円日替わり定食、夜はお酒も含めて3000円以上は受け取らないという店の基本システムを前提に、提供される数々の料理がどれだけおいしいかを強調してきた。ここでは立場を反転させて、店を運営する側の舞台裏に迫っていきたい。

客が絶えない超人気店なら、経営も安定していると考えるのが自然だろう。しかし、何度でも強調するが、定食酒場食堂の料金体系は、昼は288円、夜は3000円という上限を設けてしまっている。そのうえで、食に敏感である人ほど納得するであろううまい料理を一貫して提供し続けているのだ。

食材選びの基準は自分の子どもに食べさせても大丈夫なもの、調味料は醤油の「超特選むらさき」（チョーコー）をはじめ高品質なものにこだわり、ドレッシングは自作することなどはすでに書いた。なるほど、安くてうまい店は探せば見つかるにちがいない。だが、定食酒場食堂の食材や調味料に対するこだわりを見ていると、そうした「安くてうまい店」の通念にはあてはまらない感じがする。

どうも、しっくりこないのだ。この違和感をうまく説明するのは難しい。さしあたって今は、定食酒場食堂は一般的な「安くてうまい店」という次元をはるかに超えているとしか言いようがない。そのことを誰よりも実感しているのが常連たちなのだろう。

客にとって定食酒場食堂が単なる「安くてうまい店」ではなく、ある種の特別な存在であるならば、定食酒場食堂の運営もまた、一般的な飲食店の経営とは異なる特別な方法があってしかるべきだろう。

問題は、次のように立てられる。

客から相場代金を受け取らず、おいしい料理を提供できるのはなぜか。あるいは、こう言い換えてもいい。おいしい料理を提供しながら、それ相応の代金を受け取らず、どのように経営が成り立っているのか、と。

もっとも、本書は経営ノウハウ本の類ではないから、難しい数式を出したり、もっともらしい経営論をぶったりするつもりはない。そもそも学者でも経営コンサルタントでもないわたしが、そんなことを書けるわけがない。ここで展開されるのは、あくまでも取材者の目から見た、定食酒場食堂の経営に関するある種の傾向にすぎない。

結論から言おう。定食酒場食堂は、①食材費（仕入れ価格）、②人件費、③広告宣伝費――

の３つを極限まで抑えている。しかも、それだけで終わらない。それぞれの経費を限りなくゼロに近づけることで生じたデメリットをいわば逆利用し、それぞれの分野で最大のパフォーマンスに転化させているのだ。

前者は経営者であれば例外なく誰もが考えつくことだろう。しかし、後者はやろうと思っても簡単にできることではない。いや、やろうと思う発想さえないはずだ。なぜなら、ほとんどすべての経営者は、諸経費削減で生じるデメリットをいかに最小限に留めるかに気を使うからだ。デメリット自体をメリット以上のものに逆倒させることなど、はじめから考えも及ばないことだろう。

前述したように、定食酒場食堂の運営に一般的な飲食店の経営とは異なる特別な方法があるとすれば、諸経費を減らすことで生じたデメリットと向き合い、それらをうまく作り変え、メリットにまで昇華させていることだ。定食酒場食堂がほかでもない定食酒場食堂であるのは、まさにこの点にある。

どういうことか、具体的に見てみよう。

まずは、食材費（仕入れ価格）から。

理解の前提として、定食酒場食堂のメニューの価格設定について確認しておく。

天野はこう説明する。

「モノの値段のつけ方は、誰でもご存知かとは思いますが、説明します。昔はこうです。材料代がこれだけかかりました。広告宣伝にこれだけ必要です。ほかに、従業員の給料、店舗事務所の維持費、輸送費、諸経費などなどを組み込んで、この値段ですよと計算するから、モノの価格は原価に比べてものすごく高くならざるをえなかった。

一方、今の価格設定は、これぐらいなら売れるだろうという価格をまず決める。それから、広告宣伝や従業員の給料、諸経費などを計算して、これぐらいかかるから、モノはこれだけの予算で作りなさいと決まります。モノを作るための予算自体が少なくなっている。だから、値段は安いかもしれませんが、出来上がったモノは粗悪になってしまっているわけです」

ここまでは経営者でなくとも理解できるだろう。

天野が続ける。

「飲食、外食産業の世界では、35％未満に材料原価を落とさないと潰れるよって言われています。僕はこれを徹底的に調べてみました。その結果、新規参入の飲食店が3年以内に潰れる率は、約90％。その原価率を調べると、ほとんどが35％未満。一方、生き残っているお店の原価率は48％とか49％ですよ。

なぜ、材料代を高くかけているお店が潰れないで残っていて、材料の原価を圧縮しているお店が潰れているのか。お客さんは正直ですよ。お店に行って、注文して、待って、出てきたものが求めているものではなかったということですよ。『何、これ!?』って。だから、材料の原価率は、それが適正なもので適正な価格であれば、気にしません。40%～50%は当たり前、中には60%を超えるものもありますから」

こうして、定食酒場食堂のメニューの価格設定が行われる。

「激安と言われますが、そうではありません。適正なものを適正な価格でお出ししようとしたら、こういう価格設定になったというだけにすぎません。お店で扱う食材は、一律で利益率を決めているわけではなんです。きょうこの食材がこれだけの価格で仕入れることができたから、2倍として例えば1000円でお出ししようと考える。参考に、他店の価格設定を調べてみる。『うっそ！　2500円！　まじかよ！！！』ってなります。他店が高すぎるんです。他店と比べるから、結果として『やっぱり定食酒場食堂は安いね』ってなるんです」

原価率をあえて低く抑えることをしない一方で、食材の仕入れには最大限の努力を惜しまないのが、天野流だ。

仕入れは基本、生産者がわかる時は、生産者と直接交渉する。

定食酒場食堂をオープンして半年後のことだった。ある米農家がテレビで定食酒場食堂のことを知り、「協力したい」と申し出た。自宅で生産している大根などの野菜を大量に送ってくれるようになった。それがきっかけでその米農家との付き合いが始まり、今では店で使う主なお米はその農家から仕入れている。天野によると、米の卸問屋がわざわざ定食酒場食堂に米を買いに来たいという値段だというから、相当な安値だろう。こうして定食酒場食堂はオープンして半年後には、お米を大量に、しかも納得できる価格での仕入れルートを開拓したことになる。

「値切ってはいないですよ。ただ、『これくらいの価格で欲しいんです』とは相談しました。その農家さんは『身内や他の農家にも聞いてみますね』って。すると、600キロ、1トン単位でお米を余らせている別の農家もいて、『いいよ、その食堂に分けてやるよ』ってなったんです」

野菜類は、初めは近くの八百屋などで買っていた。しかし、今や定食酒場食堂には協力する八百屋が付いている。

不揃いの野菜を求めて、築地青果やいろいろな八百屋さん、小売店を歩いて仕入れルート開拓した。店の雰囲気、売り方、価格、鮮度、店の裏などを観察して、ここは結構ロスが出ているなと思えば、足しげく通う。するとだんだん目が肥えてくる。例えば、新鮮な野菜から見切り品までを置いているところは、ロスが少ない。また、鮮度が落ち、色が変っているような野菜を堂々と置いているところは、弁当や惣菜をやっているケースが多い。当然、ここもロスは少ない。意外かもしれないが、店頭価格が安い八百屋ほど、ロスが多い印象があるという。

どんな風に関係を築いたのか。

天野が説明する。

「初対面から交渉はしません。例えば、野菜であれば近くの八百屋さんに1カ月間くらい通い続ける。店主に顔を覚えてもらう。僕の存在を印象づけておく。ある日、店主に声をかける。『すみません。僕、こうこうこういう食堂をやっているんですけど、何かこう、明日には店頭に並ばないような野菜があればウチに分けていただけませんか』って。『ああ、そっか、そうなんだ。早く言ってよ』ってなります。

というのは、何回か足を運んだ段階で、『これ、たくさん買いますから、もうちょっと安くなりませんか』などと、ふつうに話しかける程度はしているから、店主は僕のことをなんとなく覚えてくれている。『じゃあこれ、安くしときます』『ありがとうございます』という会話はしているんです。

ロスがない所なんてないでしょ。そのロスを有効活用できるんであれば、有効活用しましょうということです。ロス、ゼロ。定食酒場食堂のゴミ箱を見てもらえばわかります。残飯がどれだけ入っていますか。ね。割りばしだけでしょ。飲食店のゴミ箱ですよ。普通の飲食店であれば、残飯はいっぱい出るはずです。ウチは残飯は出ません。みんな残さず食べてくれます。食べてくれるものだけを作っているからです」

とくかく毎日行くことが大事だという。1週間なら6日間。毎日、大量に買う。

「しまいに『この人、何してんの？』ってなる。この不景気と言われる中で、こんなに買い込んで。『もっとないですか？　もっと欲しいんです』って言って。店主は『え？　もっと？？？あなた、誰？』ってなるでしょ。例えば、『ジャガイモ、60キロ欲しいんですけど』『60キロ！？　ないですよ』と。そういうやり取りの後に、『じゃあ、店頭に出せないものもあるから、それを安くしましょうか』となるわけです。ジャガイモ1箱50円とかで売ってもらいますから。キャベツ8個入り1箱で500円とか。感謝ですよ。『これからもよろしくお願いします』って。向うは向うで、本来は店頭に並べられないロスの野菜を売りさばくことができるわけだから、有り難いわけです」

もちろん、八百屋としては、ロスだけを天野に売っているわけではない。時期にもよるが、新鮮な野菜を安く大量に仕入れた時などは、店頭に来た天野に声を掛けている。ロスがなくなるのは八百屋としても歓迎だが、それ以上に、定食酒場食堂への支持とそれを切り盛りする天野の男気への強い共感があるからこそ、関係が成り立っているのだ。

魚介類は、静岡県の清水漁港から平均して週に1回、定期的に直送されて来る。清水港といえば、マグロの水揚げ量が日本一を誇る漁港だ。清水港で水揚げされ、築地に輸送される前の段階で、直接、定食酒場食堂に新鮮な魚が送られてくる。1回につき15キロ、30キロ単位で仕入れている。

特大トロアジ、マグロカマなど人気メニューの魚は、もちろん清水漁港で獲れた魚を使っている。もともと清水漁港関係者に知り合いはいない状態で、どうして清水から魚が送られてくるのか。

17年秋。天野は、漁港にある清水魚市場の仲卸業者が直接販売する施設に行った。

「『冷やかしでいいから、食べていってください』っていうから、食べたんです。それがおいしかった。同じものをウチのお客さんに食べさせてあげたいと思ったんです」

その後の天野の行動は素早かった。

「偶然、仲卸業者の社長がいたので、『これおいしいですね。ぜんぜん冷やかしじゃないですよ。これ、全部ください』って言って。びっくりしていましたよ。『え？　ええ？？？』って。清水港まで遠いから、一発勝負だと思って声をかけました。『いくらにしてもらえますか』って聞くと、まだ驚いた様子で『え？　何屋さん？』って聞くから、『食堂です』って答えて。『ウチは288円でお昼の日替わり定食を出して、夜はどんなに飲み食いしても3000円以上はいただかないんです』って説明すると、『じゃあ、協力するよ』ってなったんです。それ以来、魚は清水に発注しています」

まさに一発勝負。天野はこの日たった1日で、魚介類の仕入れルートを確保したことになる。社長との直接のやりとりは数分間。天性のものなのか、天野は「交渉は得意かもしれませんね」といたって冷静だ。

野菜はロス・ゼロの精神で、魚は形が不揃いのもあるが、味はまったく変わらない。しかも、築地に輸送する前だから、どこよりも新鮮。仲卸業者は「赤字ですよ」と冗談を言うらしいが、天野は「中身は選ばないから。すべておまかせです。『社長、適当に送って。5万円くらいでお願い』って言うだけ」だという。

輸送量は全額支払うが、発泡スチロール4、5箱が送られてくるとすると、何も言わずにそのうちの1箱分の送料を負担してくれていた時もある。

トロアジ（特大）は680円。「特大」の表示がなければ、普通の居酒屋と変わらない価格設定だが、そこは定食酒場食堂。出てきたものを一目見て、客は仰天するという。

「みんなびっくりしますよ。『うわー、でっかい』って。ホッケよりでかいですから。みんな、ホッケの小さいのをイメージしているから、『これで680円なの～！』って驚きます。七輪からはみ出す大きさ。普通の魚屋で買ってもたぶん1000円以上はするものだと思います」

ジンギスカンは天野の出身地・北海道から買い付ける。

「普通に買っています。だけど、ずっと続けて買っていて、どんどん買う量が増えていけば、もうちょっと安くしてもらう交渉ができます。今は『まあ、そんなもんだろ』という価格で仕入れています。北海道で食べると、特上ラムは1人前1000円前後しますが、6割程度の価格で出しています。6割の価格で出せるのは、北海道が儲け過ぎなんです。おそらく、原材料費35％未満でやっているんですよ。ウチは安い値段で出していますが、お1人様200グラムまでの限定としています。2人で400グラム、6人で1200グラムまでです。1人でも多くの方に食べてもらいたいとの願いからです」

食材そのものの質は落とさない反面、食材の仕入価格を極限まで落とす努力を惜しまなかった天野は、その絶え間ない努力の先に定食酒場食堂の良き理解者が待っていてくれていることを知っていた。おそらく、天野には定食酒場食堂のコンセプトさえ理解してもらえれば、食材の生産者や販売者はいつか必ず協力してくれるという確信めいたものがあったにちがいない。そして、それはあまり時間をかけずに現実となった。経費削減のデメリットをついにメリットに転化したのである。

主な仕入れ先の1つである八百屋を訪ねてみた。定食酒場食堂から歩いて5、6分、都営地下鉄「曙町」駅近く。快く取材に応じてくれたのは八百屋「花鮮」の店主、関光治さんだ。以下は、関さんの話をもとに、わたしが再構成したものだ。

何度か店に来られていたんですよ。店には一般のお客さんが1日に400人～500人は来ていましたて、その中のひとりでしたので、わたしもあまり気にしていませんでした。最初の何回かは、ただ野菜を買っていかれただけだったと思います。

しばらくして、天野さんから話しかけられて。はっきりした記憶はないんですけど、たぶん、野菜のハネ物（商品として売れない野菜）とかケースで安くなりますか、という感じだったと思います。以前から、結構な量を買われていましたからね。

その後でしたか、自分のスマホでテレビを見ていたら、たまたま定食酒場食堂のことが放映されていまして。天野さんが「とことんやります」みたいなことを言っているのを見たんです。そして、養護施設で育ったことや、ひもじい思いをしたことなどを知り、そういうところに共感したんです。

天野さんが次に店に来られた時に、テレビのことを話したら、本人がテレビのことと同じことを直接話してくれました。「自分はひもじい思いしているから、みんなにお腹いっぱい食べてほしいんです」って。

高級なレストランは、どこにでもあるじゃないですか。でも、社会的に底辺にいる人たちを本当に応援する店ってないんですよ。自分の身銭を切ってでも、やるんだっていう。そういうところに共感したんです。自分もひもじい思いというか、そういうことを経験したことがあるので。この人なら応援してあげようと。変なアレじゃなくて、ただ共感しただけなんです。安いものもですけど、私も役に立てればうれしいですから。

少し傷んだものや、店頭に出せず処分しなければならないような野菜を段ボールで安く提供しています。もちろん、そういう野菜でも、食べるにはまったく問題ありません。野菜っていうのは、生きているんですよ。傷んでいても、生きている。例えば、ブロッコリーは時間がたつと黄色くなって花が咲きます。そうやって生きているんです。玉ねぎにしても、じゃがいもにしても、生きているから芽が出る。生きている野菜は、傷んでいても大丈夫なんです。食べても体にまったく問題はないんです。

新鮮な野菜であっても、少し形が曲がっていたりすると、店頭に並ばないこともありますよね。今はなんでも捨てちゃう時代じゃないですか。そうじゃなくて、形が悪くても、大事に扱って食べてほしいんです。傷んだり、形が悪かったりだけで捨てちゃうのはもったいない。どうしても出るんですよ、そういうのはね。10ケース仕入れたものが10ケース全部売れるわけではないですから。でも、モノを大事にするのって大切じゃないですか。そういう野菜でも食堂の料理に使ってもらえるなら、八百屋としては有難いことですよね。

値段はね、もう、「天野価格」ですよ（笑）。仕入れで1箱2000円、3000円するのでも、1000円以下ですね。半額以下、店頭価格の3分の1程度ですか。それでも食堂の料理で使ってもらえるんであれば、自分たちはうれしいんです。儲けがなくたって、満足ですよ。

あの人（天野のこと）はそんなに儲かっていないと思うよ。大変だと思う。でも、自分の強い気持ちで店をやっているなというのを感じるんですよ。ただ単にお金儲けでやっている感じじゃないからね。そこに共感が生まれるんじゃないですか。人ってね、そういうところに共感するんですよ。

人間ってさ、努力っていうのが人生論の中で言われたりしますけど、努力以上のことをあの人はやっているでしょ。人が遊んでいる時に仕事をしている。寝ずにやるぐらい働いている。そういう努力をされている人だと思います。当たり前にやっていたら、当たり前の商売にしかならないじゃないですか。本当に人がマネできないことをやっている感じです。

意外だったのは、「花鮮」自体は今年で6年目と歴史が浅いことだった。もともとその場所に八百屋があって店主が辞めるという話があり、関さんが店を引き継いだという。それ以前、関さんは花を販売していた。「花鮮」というのは、その時代の名残りで、八百屋を引き継いでからもそのまま使っているのだという。

次に、広告宣伝費。

よくよく考えてみれば、「定食酒場食堂」という店名は、どこか不思議なネーミングだと気づく。一般には、とりわけ飲食店の店名は、個人経営であれば多くは店主の名前とか、店主の理想や思い入れ、こだわりなどから連想した名前が付けられる傾向がある。店の名前は店の顔と同じだから、店主もつい気合いが入るというものだ。ところが、定食酒場食堂はあくまでも定食酒場食堂なのだ。この気合いのなさというか、ニュートラルさは、いったい何なのか。じつは、これには狙いがあった。

天野が説明する。

「うちのお店って、名前がないって、知ってました？『定食酒場食堂』。店の名前はないんです。たいてい、『定食酒場○○』とか『○○食堂』『○○酒場』とかって名前がありますよね。「定食酒場」の次は「食堂」ですもん。店の名前なんて付けたって、店主とか経営者の自己満足にすぎませんから。お客さんは『あそこの定食屋に行こうよ』とは言いますが、べつに店の名前なんて覚えようともしないから、『あの店、名前、何だっけ？？？』って必ずなるんです。だから、「定食」「酒場」「食堂」。誰も忘れようがないでしょ。だから、お客さんの方が勝手に『288（ニーパッパ）行こうぜ』とか言ってくれるわけです」

天野がこだわったのは、店名ではなく、店の看板商品であるランチ価格「288」という数字だった。むしろ店名の印象を薄めて、「288」という数字を際立たせたい思惑があったとも言える。

「なんで288円なのかってよく聞かれますが、『288』のワードでパソコン検索したら、何もヒットしなかった。『288』『298』『299』『300』って、ただひたすら数字を打込んでみて、『288』だけがヒットしないことがわかった。どうでもいいようなものしか出てこない。ということは、288円で定食屋をやれば、すぐにネットで上位に踊り出る。この価格でやれば、SEO対策（検索結果で自社サイトや商品を多く露出をするために行う対策。SEOはSearch Engine Optimization の略）は最初から上位ランキングは確定だなと思った。そこから、激安食堂として仕掛けていこうと考えたんです。いまとなっては独占ですよ。『288円』ってワード検索したら、『定食酒場食堂』の情報が一発で画面に出てきます。金額を入力したら、そのお店が出てくるんですよ。例えば、『500円』って入力してみてください。定食屋やレストランが出てきますか」

用意周到な天野は、すでに「288」で特許庁から商標登録を受けている。いうまでもなく、商標権者はその登録されたマークや名称を独占的に使用することができる。仮に他店が「288」の名称を商標的に使用した場合、商標権の侵害を主張できるのだ。これがどれだけの効力を発揮するかは、近い将来、定食酒場食堂の人気にあやかって二番煎じの類似店が増えた時、はっきりするだろう。

この「288」の宣伝効果の文脈で言えば、夜の看板メニューであるナポリタンがなぜ80円なのかもおのずと明らかになってくる。「ナポリタン」ではなく、「ナポリタン80円」(「80円ナポリタン」)でなければならないのだ。なぜなら、「ナポリタンが80円???」という驚きこそ、定食酒場食堂の名を世に拡散させる原動力になっているからだ。

たしかに、「80円ナポリタン」が生み出した宣伝効果は、計り知れないものがある。特に、情報が次々に拡散するネット上での効果はほとんど無限大に等しい。来店した客の誰かがナポリタンを注文し、「念願だったあの80円のナポリタン、ついに食べられました」と写真付きでSNS上にアップすれば、店にとってはそれが直ちに宣伝に結びつく。情報が情報を呼び、「80円ナポリタン、うまい!」「コスパ最高〜」などと、客が勝手に宣伝してくれるわけだ。

「広告宣伝費をいくら支払ったって、これだけの宣伝はできないですよ。2億円使ったって、無理です」

こう天野は断言する。

「これがもし800円だったら、誰も『うまい』なんて書き込まないでしょ。僕が自分でもズルいと思うところは、お客さんに店に来てもらって、そして、そのお客さんが他人に自慢できることを与えて帰ってもらう。その人にインフルエンサー（世間に与える影響力が大きい人物で、その人物が発信する情報が人々の購買意思決定にも影響を与える人）になってもらう。そして何十万人もの人々に発信してもらう。そういうことを仕掛けるのが僕は長けているんです。よく『また天野はマスコミを使って』とか言う人がいますが、違うんです。マスコミが僕の所に勝手に来ているんです。だって、僕がやっていると知らずに取材に来たマスコミの人が『いやー、また天野さんなの！』とびっくりしているくらいですから」

なるほど、天野自身はマスコミに対しては何の情報発信もしていない。それどころか、小洒落た飲食店なら必ずあるホームページも、定食酒場食堂にはない。店の名刺もない。チラシの類をつくったこともなければ、当然、駅前や街中で配ったことも一度もない。天野個人でフェイスブックとブログは行うが、それもごく一般の人々が行っている程度の域を大きく逸脱するものではない。要するに、定食酒場食堂に関する営業活動は一切せず、店の広告宣伝費と言えるものは一切かけていないのだ。

その一方で、メディアは定食酒場食堂を紹介する。これまでに民放テレビの全国ネットには計10回程度、取り上げられている。主なものを挙げれば、テレビ朝日(「真夜中のプリンス」「スーパーJチャンネル」)、TBS(「有吉ジャポン」「この差って何ですか?」)東日本放送(「夕方LIVE!キニナル」)、日本テレビ(「ヒルナンデス!」「日テレNEWS24」)などだ。

雑誌は『おとなの週末』(講談社)、『おとなの特選街』(ベストセラーズ)、『週刊大衆』(双葉社)、『フライデー』(講談社)など。

このほか、ネットメディアはさんざん書かれているが、取材を受けて出たのは、食のウェブマガジン『メシ通』(リクルート)。ちなみに、メディア媒体を問わず、営業広告の勧誘がたくさん来るが、全部断っている。「『ウチの店、いつも人でいっぱいなんで。大丈夫です』って言ってます」。

もちろん、天野が取材依頼をしたわけではなく、メディアの側が定食酒場食堂の動きを見ながら、自主的に取材したものだ。

ここまでくれば、「僕はマスコミが欲しがる情報を作っている」と天野が豪語するのは、あながち嘘ではないことがわかる。天野は広告宣伝費を削減するどころか、一切かけない代わりに、手持ちの材料を駆使して新たな情報を作り出すことによって、定食酒場食堂の存在が世に知れ渡る仕組みを作っている。これもまた、広告宣伝費をかけないというデメリットをメリットに転倒させ、莫大な広告宣伝費を費やしたと同様の最大効果を生むことに成功した事例といえる。

広告宣伝費を一切かけていない代わりに、定食酒場食堂がさまざまなメディアに露出することで、結果としてお金をまったくかけず宣伝ができてしまっている。こうしたマスコミ戦略は、じつはかなり周到に計算されたものではないのか。そう問うと、天野は「してないしてない」と即座に打ち消した。

「たしかに、メディアで紹介されて、それを見て遠くから来てくれるお客さんはいます。でも、常連さんは近くの人たちですよね。マスコミは影響力はあるでしょうが、マスコミに出たことで、それが直接利益に繋がっているかっていったら、そうでもないですね。瞬間風速みたいなもんですよ。人がいっぱい来てしまうと、むしろ常連さんが座れなくなっちゃうでしょ。老舗店がマスコミに出て、常連客が迷惑したっていう話があるでしょ。だからウチは老舗じゃないけど、常連席をいつも設けているんです」

定食酒場食堂の取材を集中的にしていた2月下旬。わたしは天野の情報発信力を見せつけられる場面に何度も遭遇した。開店から3年となる2018年3月1日から、定食酒場食堂は「昼食夕食子供無料」として、いわゆる「子ども食堂」を始めると宣言したのだ。この情報発信を受けて、ネットニュースを含めたマスコミの問い合わせや取材依頼が増え、ただでさえ忙しい定食酒場食堂の店内は対応に追われる日々が続いた。取材中、店の電話が鳴り、目の前で天野が対応する場面が何度もあった。当然、その度ごとにわたしは取材を一時中断しなければならなかった。
2月上旬、天野はブログにこう告知していた（本人の許可を得て転載）。

昼食夕食子供無料
人生のパーキングエリア・定食酒場食堂。
今月で開店から、丸3年になります。
先週も週刊フライデーにて、特集されましたが、288円日替わり定食は、
東京本店並びに、北海道札幌店でも大人気となりました。

2018年3月1日より、何らかの理由で、お一人でお食事をしなくてはならない、
小学生、中学生、高校生または、18歳未満の少年少女、
お昼、夜問わず、定食酒場食堂では、お食事を無料でご提供致します。

週6日、月曜日から土曜日まで毎日昼夜無料提供致します。
夕食に付きましては、午後8時までとなります。
また、当店にご来店する子供に、質問は致しません。

小学生です。中学生です。など言っていただければ、それで結構です。

子供食堂と似ているなど、多々意見があるかと思いますが、
うちはうちで独自路線を進みますので、子供食堂と提携や連携はとるつもりはありません。

ご提供するお食事は日替わり定食的になりますが、好き嫌いは聞かせて頂きます。
嫌いな物を提供してもしょうがないので。

定食酒場食堂は、ロス・ゼロを訴えかけ、八百屋さんお魚屋さんスーパーに、小売店、農家さんに呼び掛けて来ました。
お陰様で、非常にお安くお野菜や、お魚、お米など入れる事が出来ています。

見た目が悪く、明日には売れない野菜と判断されたものは、廃棄処分に回るようです。
そんな、引き取り手のないお野菜など、ちゃんと包丁入れ、使える所を使えば、
十分に使用できます。
形が悪くても、ニンジンは人参です。味も変わりません。

お米も月に約1トンの消費です。もちろんお食事はお米命です。
昨年獲れたての新米を使用しております。
本当に農家さんのご協力で、食べる皆様米が旨いコメが旨いって言って下さります。

しかしながら、まだまだ足りません。
現在確保しているお米は、4月いっぱいで終わってしまいます。
どうか皆様のご協力もお待ちしております。

わたしが把握しているだけで、ブログで告知した直後から、ヤフーニュース、在京キー局は日本テレビ、テレビ朝日、ＴＢＳの各局が店を取材している。その後、視聴者の反応が良かったのか、「子ども食堂」とは別にＴＢＳが定食酒場食堂と天野に対する長期の密着取材に入っている。

さて、食材費（仕入れ価格）、広告宣伝費と見て来て、最後は人件費。
この人件費の削減こそまさに、食酒場食堂がゼロに近づけることで生じたデメリットをいわば逆利用し、最大のパフォーマンスに転化させることができた代表的な事例だといえる。

先にわたしは、経費削減は経営者なら誰もが考えるが、経費削減で生じるデメリットそれ自体をメリット以上のものに逆倒させる発想はほとんどの経営者にはないと書いた。ここでもまた、同じことを強調しておこう。それは、言ってみれば定食酒場食堂でしかできない〝お家芸〟であって、他が真似しようとしてできるものではない。

定食酒場食堂の経営が成り立つ理由、あるいは定食酒場食堂が連日「満員御礼」である理由でもいい。そのルーツをさまざまな角度から探ってゆくと、ある1点に焦点が絞られてくるのを実感する。それはほかでもない、人件費削減という縛りから必然的に生じた接客サービスだ。

第4章

「お客様参加型」の接客哲学

人件費の説明に入る前に、店舗に関する情報を確認しておこう。

定食酒場食堂の前身、アメリカンバーは新宿区荒木町の雑居ビルの1階にあった。荒木町に店舗を構えた理由を聞くと、天野は「そこが空いていて、条件が合ったからだけです」。ただ、荒木町といっても、個性的な飲食店が立ち並ぶ車力門通りや杉大門通り、通りから一歩入った雰囲気のある裏路地などではなく、外苑東通り沿いで曙橋方面へ坂を下った荒木町の一番端のところだ。大通り沿いにコンビニが1軒あるだけで、周囲に目立った商業施設はなく、閑散とした住宅街の一角といってよかった。飲食店の立地としては、はっきり言って良いとは言えない。

「めちゃくちゃ悪いですよ。人通りもあんまりないですから」

例えば、近年ではちょい飲みもできる中華系某ラーメンチェーンなどは、どの店舗も駅前一等地、人通りの絶えない立地を狙って出店している。

「集客に自信がないから、徹底的なマーケティングをやるわけでしょ。そこで食べているサラリーマンだって、駅降りて、疲れているし、探すのが面倒だからしょうがなくって、『店に入ってやろうか』って感じでしょ」

天野に言わせると、こうなる。

だから、駅前一等地戦略はまったく考えなかった。

「誰でも勝てるポジションで勝負をしたら、僕が断トツで1位になるのはわかっています。だって、42・195キロのマラソンで、どんなに足の遅い選手でも30キロ地点からスタートすれば、オリンピック選手にも勝てますよ。それが駅近立地です。その代わり、家賃が高い。保証金も高い。メニュー料金も高い」

「店舗の所在地は裏路地でいいわけです。駅前立地のお店である必要はない。だって、駅前にある飲食店では、お客さんは支払った代金で家賃を食べているようなもんですよ。お客さんは家賃なんか食べたいわけではなく、おいしいものが食べたいんです」

いまの定食酒場食堂がある新宿区片町の店舗は、17年9月に移転。旧店舗から曙橋方面へ下ってすぐ。直線距離にして100メートルほどしか離れていないところだ。移転の理由は旧店舗で20年の東京五輪を見据えた家賃値上げがあり、見切った。同年8月28日で閉め、新店舗を9月1日に開店した。ブランクはたったの3日間だ。

新店舗は築70年を超える2階建て一軒家。17坪。もともとはアパートだったが、弁当屋が借りていて、2年ほど前から空き屋になっていた物件だった。家賃は15万円。最初は不動産業者から25万円を提示されたが、交渉で安くなった。ちなみに、旧店舗は30坪で家賃15万円。自由に改修していいという条件だったので、改装業者に頼んで壁などを作り変え、新たにトイレを設置した。

客席は1階と2階合わせて最大54席。ただ、営業を続けるうち、1階16席、2階30席の計46席にまで絞り込んでいる。これは客を詰め込むだけ詰め込んで利益を上げようという発想とは逆で、客にできるだけ店でゆったりとくつろいでほしいという天野の思いからだ。利益よりも客の満足度を優先するのが定食酒場食堂なのだ。ただ、それとは別の事情もあるとみられる。店の基本的なオペレーションに見合ったキャパシティの問題も影響しているのではないか。

天野は、店舗の家賃を削減するため、飲食店としてはあえて立地の悪い場所を選んだ。加えて、客にのんびりしてほしいという店のコンセプトを実践するため、店舗で収容可能な最大人数をあえて絞り込み、人件費を減らす最小限のオペレーションを維持できるギリギリの集客規模をはじき出した。おそらく、その結果が、1階16席、2階30席の計46席という数字となって結実した。

しかし、46という客席数は、定食酒場食堂のオペレーションと照らし合わせてみると、およそありえない数字であることがすぐに理解できる。ごく一般的な飲食店を想定してみればいい。例えば、50人収容のレストランがあるとして、ホールスタッフは最低でも3～4人が必要だろう。このほかに厨房に2～3人、洗い場に1人、合計で6～8人というのが常識的なイメージではなかろうか。これらはピーク時にも対応できる人員規模だから、洗い場担当は特に設けないとして、切り詰めればなんとか5～6人程度までなら削減可能な範囲かもしれない。ただ、全員がいつも出勤するわけではないから、シフトを組むとすると、やはり10人近くは人員を確保しておくのが一般的だ。

ところが、わたしが取材した時点で、定食酒場食堂の基本オペレーションは、昼が天野と「流しの松ちゃん」こと松尾の2人。松尾はボランティアだから、実質的には天野1人。夜は天野と松尾にバイトが1人が加わるだけで、実質2人。店が支払う人件費はこのバイト1人分だけだ。通常の飲食店とは違って、定食酒場食堂は開店時間から常にほぼ満席状態が続く。常にピーク時が続くようなものだ。そうした休憩時間も繁雑状況が続く中で、事実上、バイト1人の人件費で回しているのが定食酒場食堂なのである。

通常の経営者なら、そんな状態がいつまでも続けば、人員を増やすのもやむなしとの判断をするかもしれしない。しかし、天野はそうしなかった。天野は、前に言及したように、人件費の削減を限りなくゼロに近づけることで生じたデメリットをいわば逆利用し、最大のパフォーマンスに転化させたのだ。

「不便な立地で、どうやってお客さんに来てもらうか。おいしいだけじゃ来ないでしょ。値段も安いだけじゃ来ない。どうやって他店にない定食酒場食堂だけのプラスα、付加価値をつくっていくかが勝負なんです」

これは天野がめずらしく本音をストレートな言葉で語った発言と理解できる。天野はいくら料理がおいしくて、値段が安くても、それだけでは客は来てくれないと踏んでいる。あらかじめ立地条件でハンデを負っている店であればなおさらだ。

人を増やすことができないという、飲食業にとっては致命的とも言える困難を乗り越えるためには、新たな何かが必要だった。しかも、外から既製のものを取り入れるのではなく、既存のものから作り上げなければならない。天野は困難の底から、あるものを引っ張り上げる。それは、意外なものと言えば言えるかもしれないが、ありきたりなものとも言えた。しかし、天野にとっては、ひとつの逆説としか言いようのない代物だった。

天野が人件費削減というデメリット自体をメリット以上のものに逆倒させ、生み出したもの、言い換えれば「プラスα」、「付加価値」に相当するもの、それは接客だった。

定食酒場食堂が「お客様参加型」であることはすでに書いた。改めて確認すると、メニューにはこうある。

☆スタッフ不足でお客様にスムーズにご飲食物をお届け場合出来ない場合、お客様のお手伝いを多々お頼みする場合があります。ご協力ください。日々、お客様が数人当店スタッフに間違われておりますが、お客様参加型で、お手伝い頂いております。

２８８円の日替わり定食や他の定食では、ご飯、みそ汁はセルフサービス。もちろん、水もセルフサービス。そして、店内にはこんな張り紙が貼られている。

荒木町で２年６カ月

移転してきました。
このお値段つづけるには、
皆様の熱い御協力が必要です。
また忙しくなるかもしれません。
その時はお手伝いよろしく
お願いします。

食器下げは、
セルフサービスと
なっております。
御協力感謝致します。
正油、ソース、はしなど、
テーブルに無い場合は、
他テーブルから借りてください。
ゴミはゴミ箱にお願いします。

感謝

客が他の客にスタッフと間違われるのは別としても、ここまでなら、他のセルフサービス系の飲食店にも共通するものがないわけではない。しかし、次のような文言を堂々と掲げられるのは、定食酒場食堂の独壇場だといってよいだろう。

忙いで《ママ》いる人は
他店に行って下さい。
一人で作ってるから、
これ以上は無理

お客様もゆっくりして
僕らもゆっくりしたい

忙しい時は
話しかけないで下さい。

なるべく働きたくありません。

ゆっくりご注文を！

私達スタッフも、非常識には非常識で

ご対応致します

これらは、お品書きに交じって定食酒場食堂の壁に貼られた張り紙の一部だ。いったい、どういうことか。

昼の288円の日替わり定食は、天野が厨房に入って全食を作っているが、夜は基本、天野は厨房に出たり入ったりを繰り返す。常連の面々が集まり始めると、天野は厨房から出て、常連たちと一緒に会話を楽しむ時間が徐々に多くなる。

「夜は僕、ほとんど1階の常連のお客さんと飲んじゃっているから。焼き物が入ったりして、せわしなくなってきたなという時だけ（厨房に）入って。たまあに、『何か作ってこようか』って厨房に入る時もあるけど。僕が厨房に入りきりで、お客さんとお話ができないとなると、この店の味ってなくなっちゃうじゃない。『マスター、注文いい？』ってお客さんから言われても、『僕いま飲んでるから、ごめんね。注文はあの人に言って』って言っちゃう。『自分でやってもらっていい？』とか、『伝票つけてもらっていい？』とかも。ここに書いてあるでしょ。『なるべく働きたくありません』って」

こう言って、天野はそう書かれた張り紙を見た。

常連客でにぎわうと、ドリンク類は基本、セルフサービスとなる。セルフと言っても、これには注釈が必要だろう。グラスに注がれたものをただ取りに行って、自分の席に持ってくるのではない。ドリンク自体を作ることからセルフなのだ。

常連のお客さんは、自分でサワーを作り、水割りを作る。もちろん、生ビールをつぐのも自分でやる。生ビール樽に繋いだ業務用ビールサーバーのレバーを引いて、グラスを傾けながらゆっくりとビールを注いだ後、泡の調整までやるのだ。常連の間では、泡の調整がみんなプロ級にうまくなって、「どこでも働けるね」といった冗談が飛ぶという。

こうした常連客に対する天野の振る舞いは、ほぼ形を変えることなく、普通の一般客に対する接客にまでそのまま拡大される。

「僕の接客を見ていてわかるでしょうけど、もう接客じゃないですよね。ほかの店で同じことをしたら、客から怒鳴られますよ。接客に気を使っている店が人気がなくて、こんな定食酒場食堂のような店が人気があるんですよ。僕はお客さんに『きょうお前、なに食うんだ』って聞いちゃうんですから。『きょう、何にする？』って。メニューを言われて、『オレ、きょうそれやだ。面倒くさいし』って。頼まれたものでも、作りたくなかったら作らないですし」

天野は終始こんな感じで客に対する。

「安い食堂だからと思って、ナメてくるようなヤツにはカチンと来ますね。『ナポリタン、まだー。30分も待ってるんだけど』とか言うお客に対しては、『まだですね。順番に出していますけど、キャンセルしますか。どうしますか』って聞きます。たいていのお客は『いや、大丈夫です』と急に態度が変わる。何度も聞いてくるお客には『あまり急かすと、一番後回しにしますけど、いいですか』と言えば、『すいませんでした』となりますよ。みんな、そうやってこの店のルールを覚えていきます」

普通のお店などでは到底、考えられない接客だ。

接客する上での基本的なスタンスを天野に聞くと、「ないですよ。普通です。僕にとってはあれが普通なんです」との答え。接客に際して日ごろ心掛けていることも「ないですね」とそっけない。

あえて言えば、「気安く、気楽に。そして、丁寧に」だという。

人によって接客方法を変えているのか、それとも一貫しているのか。この問いには直接答えずに、天野はこんなことを話した。

「正しいか、正しくないかは、神様が決めること。わたしたち人類には決められない。僕に決められることは、たとえお客さんだったとしても、好きか嫌いかだけです」

この天野の「好きか嫌いか」を象徴するシーンがある。

取材中、わたしはこんな光景を目の当たりにした。

夜、30代ぐらいの男性客が来店。スーツ姿で清潔感のある青年だった。1階でボランティアに来ていた女性と知り合いの客らしく、1階の席に座った。定食酒場食堂の夜の1階は通常、ほぼほぼ常連で埋まる。この日も常連客で8割方、埋まっていた。

1階の中でも、フロアの真ん中あたりに天野がよく座る席があり、そこが空いていたので男性は席に座った。数分後、厨房から出てきた天野氏は、その男性に向かって「そこは僕が座るところですから」とぶっきらぼうに言った。男性は言われるまま、近くの別の席へ移動する。しばらくして、再び厨房から出てきた天野氏は、男性を見るなり、「そこ、常連さんの席なんですけど。あなた常連じゃないですよね」と少し強い口調で詰め寄った。常連どうしの和気あいあいとした周囲の空気が一瞬、固まった。男性は最初、きょとんとして虚を突かれたようだったが、「じゃあ、わたし2階行きますよ」と飲み物を持って2階へ。その後、男性は何かを注文したようだったが、男性に料理が出されることはなかった。しばらくして男性は代金を支払って店から出て行った。

この接客の意図を天野はこう話す。

「紹介者（女性のこと）もいる中で、僕に失礼なことを言うわけですよ。ハムカツ1、ナポリタン3人前のオーダーでしたが、僕は作ろうともしませんから。2階にいて、紹介者の女性と話しているから、『もし2人で飲むんでしたら、1階にどうぞ』って言いました。女性はボランティアで来ているわけだから。『あの、ナポリタンとハムカツ……』って言うから、『キャンセルされますか』って聞きました。結局、何も作んないで帰しました。

お客さんに頼まれたから、出さなきゃいけないってことはないですよ。入店をお断りする場合だってあるわけですから。もし、『なんでですか』と聞かれたら、『僕があなたを嫌いだから』と答えます。嫌いな人の食べ物を作りたいと思わないでしょ。店に入って来るお客さんを全員好きなのかと言われれば、それはわからないです。そんなんで商売が成り立つのかって言うかもしれませんが、成り立たなくなったら辞めるだけですよ。僕が好きな人だけ来てくれればいい」

この話を聞いて、わたしはあることに気づいた。定食酒場食堂は店に入ってきた客に対して、「いらっしゃいませ」は絶対に言わない。なぜかと聞くと、天野は「言いたくないですね。思ってないから」ときっぱり。

「接客に関して、1つのスタンダードみたいなものを作っちゃったら、どうなりますか。人間はみんな性格が違うのに、マニュアル通りだねっていう印象を与えますよ。定食酒場食堂は入ってきたお客さんに対して、『こんにちは』『どうも。毎度』『こんばんは』『何人ですか。お二階どうぞ』ですよ。スカートの短い女性客には、『階段急なんで、その長さだとパンツ見えちゃうかもしれませんから、気を付けてね』とかね」

例えば、ある有名なファミリーレストランでよく耳にする「ようこそ○○へ」という決まり文句。天野はどう感じているのか。

「本当にそう思っているのって、言いたくなりますよ。客が文句を言っても、『またいらしてください』って。同じ客が来たら、『またあの客が来た。あの人苦手だから（他の人に）代わってもらっていい？』っていうのが本音でしょ。でも、『ようこそ○○へ』って言わなきゃいけない。彼女はそのファミレスのスタンダードとして言っているわけであって、本当はやりたくない。嘘をついているわけです。心の中では『帰れ』って思っているはずなんです。その気持ちが本当の気持ちなら、その気持ちを出せばいいじゃないですか」

わたしが定食酒場食堂で目の当たりにした青年に対する天野の冷たい接客態度は、その青年が嫌いという天野の気持ちがストレートに出たものだった。その青年が嫌いという気持ちに天野は嘘をつかないということだ。だから、接客は自然体。感情は隠さない。それが定食酒場食堂の接客方針だから、客にはそれを納得してもらうしかない。

これでは客との軋轢が増えるばかりではないか。

「僕は当然、お客さんから『なんだその態度は』って言われたことはありますよ。『お客さんこそ、なんで最初からそういう態度なの』って言い返しますが。すると、『ここはそういう店か』と。僕は『はい、そういう店です。申し訳ないですね』って言って帰ってもらいます。お客さんのマナーが悪ければ、接客もそれなりの接客になります。『非常識には非常識でいきます』

と書いてありますから。非常識でなければ、僕も常識の範囲内で接客しているつもりです」

天野は、つい前日に起きたこんな出来事を教えてくれた。

「昨日なんて、客に頭にきて、夜8時で店を閉めましたからね。来る客、来る客、こっちの言うことをきいてくれりゃーいいんだけど。今、在庫整理で棚卸ししてて。あるものとないものを確認してるんです。ないものを頼まれて『ないない』言うのも嫌だから、『おまかせしてもらえませんか』って言ったら、『じゃあ、帰る』って言うから『そうしてください』って言いました。そのお客さんを帰したついでに、店を閉めちゃった。新規のお客さんはアウト。もう、入れない。準備中にして。常連さんは準備中だろうが何だろうが入ってきましたけど。常連さん、びっくりしていましたよ。いたお客さんもラッキーですよね。みんなゆっくり、のんびりできる。

夜8時ですよ。本来だったらその時間から20人ぐらいのお客さんが来るわけですよ。1人3000円としても、6万ぐらいは損失しているわけです。でも、それよりも、ゆっくりの方を取りたい。もういいや、冗談じゃねえよって。これが個人経営の良さですよね。だから僕は全国にそういう個人店を作りたいんです。100店舗あったって、個人の店ならうるさいお客さんが来ても関係ない。『店閉めろ。全員追い出せ』で終わりじゃないですか。だから、怒らせない方がいいんですよ。こっちはゆっくりしてもらいたいから、この価格でやっているんだから。そこをファミリーレストランだと勘違いして、『ナポリタン、まだぁー』って言われてもね。

『催促するなら一番最後に回すぞ、バカ野郎』ですよ」

客に対して注意した例や怒鳴った例を聞くと、「前はいっぱいありありましたよ。今は少なくなりましたけど。時間がたつにつれて、だんだんマナーが出来てきてきましたし、お客さんの方に。こういう店だっていうことがわかったうえで、来ていただいてます」

旧店舗の時、こんな〝事件〟もあった。

ある客のグループから「ここウワサによると、生姜焼きとか1時間くらい待たされるらしいよ」「オレだったら、そんなことされたら、テーブルひっくり返っしゃうよ」という内容の会話が聞こえてきた。実際、1時間なんて待たせたことはない。天野はそれを偶然耳にした。聞き捨てならないと思って、天野はグループの席に聞こえるように言った。

天野「じゃあ、テーブルひっくり返してみなよ。相手してやるよ」
客「なにコラ、オレに逆らって店やっていけると思ってんのか」
天野「みんなそういうけど、この店ずっとやってるよ。テメエなんか怖くて店なんかやってられるか、この野郎。警察呼ばないから、表出て勝負しようか」
客「おお、やろうじゃないか」

店内は静まりかえっていたが、ここまで来て、誰彼となくみんなが「まあまあまあ」と割って入った。

この客は、よく店に来る人の紹介で、本人は客として初めて来た日だった。結局、周りのなだめもあって、2人とも店の外には出ず、なんとか収まった。最後は互いに「いやあ、悪かったね」と言って仲良くなって一件落着したという。

最初の時期はこうした客との軋轢がたびたびあった定食酒場食堂だが、徐々に客の方が店の事情と天野の対応を学習し、ここ最近は目立った修羅場は特にないようだ。

面白いことに、定食酒場食堂に初めて来店し、何らかの形で天野の嘘のない接客態度に出会い、トラブル寸前までいった客ほど、リピーターになる確率が高いという。

先の青年客に対する天野の接客態度を目撃した別の日、わたしは1階の常連席に座る4人組のスーツ姿の中年客と親しげに話す天野の姿を見ていた。そのうちの1人は身なりが良く、明らかに高級品とわかるスーツを着こなしていた。聞くと、会社を何社ももっているお偉いさんらしい。ほかの3人は部下だろう。後日、天野はそのお偉いさんグループが初めて来店した日のことを話してくれた。

「今は常連さんになってくれていますが、十数社の会社の会長をしているという男性が部下を連れて初めて来た時です。部下がわざわざ『この人、十数社の会社の会長なんです』って僕に紹介し始めたんです。でもその時は忙しかったんで、「そうなんですか。だから何ですか?」と聞きました。『紹介しようと思って』って言うから、『大丈夫ですよ。僕、そういうの興味ないんで』って言いましたよ。そのやり取りを聞いていたその会長さんは『面白いひとだなあ、この人は』って感心していました。その時からもう、5、6回は通ってくれています。でも接客態度はまったく変えていませんから」

また、こんなエピソードもある。

ある日の昼。作業服の男性が入店し、入口付近から厨房の中を覗き込んで、「きょう、何?」と馴れ馴れしく天野に聞いてきた。厨房で料理を作っていると、その場所からは客が入って来ても、胸元からおへそあたりしか見えない。そのわずかなスペースがコミュニケーションの場だ。「こっちがメチャクチャ忙しい時に、そこから顔を出して、『きょうは、何?』ってエラそうに聞くから、『ごはんです』って。『いやいや、内容は?』って言うから、『オレ、わかんないですね』って言いましたよ。『なんか出るんじゃないですかね』って。そのお客さんは入店してからもブスーとして、足組んだまま通路にまで足出して。料理を運ぶときに『足、邪魔』って怒鳴りましよ。でも、食べ終わって帰る時は、『どうも、ありがとうございました。おいしかったですぅー』って。その日から毎日、来てくれました。近くの工事現場の作業員の人だったんです。この店のルールがわかると、食器は全部自分で片づけてくれるし、テーブルは拭いてくれるし、ものすごい純粋な人でしたね。その後に現場を離れちゃったんですが、今でも『近くに寄ったから』って、わざわざ来てくれたこともあります。現在は、店自体セルフになってますけどね』

なぜ、そんな天野の接客で客は来るのか。天野の見方はこうだ。

「どこの店に行っても、ウソの接客なんですよ。ここに来ると、最初はやっぱりカチンとくるわけです。『なんだコイツ、エラそうに』って。だけど、そこから悪のスパイラルにはまっていくんじゃないですか」

嘘の接客ではなく、本音の接客をしていることはわかる。だが、それだけでは客がなぜ「悪のスパイラル」にはまるのか、その経路が今ひとつピンと来ない。

もう少し、天野の言葉に耳を傾けよう。

「きのう夜に来た女の子のグループは『この店に来る人たちは、みんな天野さんのファンなんですよ』って言っていました。僕、聞きましたもん。『こんな態度で?』って。お酒を頼まれても、お客さんに向かって『悪いけど、自分でやってくれ』っていう店ですよ。『ごめんね、見ての通り、人がいないんでね』と優しく言うところもあるし、『急がすんだったら、自分でやって!』と強く言うことだってあるし。お客さんを『お前』呼ばわりして、3000円もらえるんですよ。もらったら、『ありがとう。次、いつ来る?』でしょ。それでまた店に来る人って、どうなのかと思いますよ」

こう言いながら、天野の表情には、明らかにある種の照れが見え隠れしていた。本人は否定するだろうが、天野は意外にもストレートにものを言わないタイプの人間だとわたしは思っている。天野はわかっていて、肝心なことを言っていない。天野は作家であり、作詞家でもある。大げさな言い方だが、天野はかつて「ぼくが真実を口にするとほとんど全世界を凍らせるだろうという」と書いた詩人のように、極めて繊細な感覚の持ち主なのだ。「偽善」という言葉があるが、おそらく天野はその反対の「偽悪」でその繊細な部分をつねに隠している。

じつは、一連の取材を通じて、わたしはすでに気付いていた。「偽悪」によってコーティングされた天野の接客の裏側には、先の詩人のような繊細な一面がある。それは天野という人間の資質の核と表現してもよいかもしれない。天野がストレートに言わない以上、わたしが代わって指摘するしかないだろう。

ある日の何気ない店の風景。1週間ほど店に来なかった客が来店した。客は店に入るなり、天野に『よう、久しぶり』と声をかけた。天野は『え？　どちらさまですか？』とふてぶてしく答える。その客は『いじめないでくださいよ〜』と、もう勘弁してほしいといった素振りで席に座る。だが、内心ではこのやりとりを楽しんでいる様子が十分感じられた。

定食酒場食堂の店内では、日々、入店した客と天野との、こうしたやりとりが自然に生まれている。

あるいは、こんな心憎いサービス。

日替わり定食を食べに来た6人組のグループがいた。うち1人は、お肉が食べられなかった。そのことを天野が知ると、その人だけ肉の代わりに魚を出した。他のお店ではなかなかできない心遣いだ。

「肉が食えないんだから、肉を出してもしょうがいないでしょ。だったら違うものを出してあげないと。たまにいますよ、ベジタリアン」

天野は当然のように言う。

要するに、客に対し、1対1で向き合って接していることがわかる。天野は、客のひとりひとりに対し、それぞれ個別に対応しているのだ。どんな客に対しても一律の接客を求めるマニュアル接客とは正反対の個別接客である。天野は、それこそが、飲食店の接客の最高のサービスだと確信しているはずだ。

「ひとりひとりは平等じゃなくて、全員が特別。全員、ひとりひとりに対して、特別な接客があってしかるべきだと思います」

「僕は全部の要望には応えられない。平等っていうのはありえないと思う。だから、店に来てくれた全員を特別扱いしているだけ。平等には扱わない。だから、特別扱いを平等にやっているわけ。店に通ってくれる人たちはみんな、特別扱いされていると思っているはずですよ。僕は人によって、平等のレベルを変えているんです」

これが天野の接客の原理原則なのだ。

では、ひとりひとりに特別な接客とはどんなものか。わたしは、その具体的なエピソードを挙げることができる。

18年1月中旬ごろ、実際にあった出来事だ。

主人公は定食酒場食堂の常連客。本人は匿名希望なので、白井隆さん（仮名）にしておこう。当時はかぜで体調が悪く、はっきりした記憶はないが、思い出してもらった。白井さんによると、概要はこうだ。

週末金曜日の朝から体調を崩した。明らかに、喉と鼻がおかしい。市販のかぜ薬を買って飲み、仕事に行った。

金曜の夜、いつも通り定食酒場食堂に夜ごはんを食べに行った。だが、茶碗によそったごはん一杯分をなかなか食べられない。普段はおかわりをする。天野もそれを知っているので、心配してくれた。

翌日は土曜日で仕事は休み。体を気遣って、「あした、お弁当を届けようか」と言ってくれた。その時、白井さんは「冗談だと思った」という。結局、残しては申し訳ないので、その日はおかずも含めて無理して全部食べた。

翌日の土曜日。昼過ぎだった。ラインのメールが届いた。天野からだった。

「調子はどうですか。お弁当を届けましょうか。動けない感じなら今から届けますよ」

「お願いできますか」

白井さんはこう返信した。

すると、天野から「家の前に着いたら連絡します」との返信。

定食酒場食堂から白井さんの住む場所までは、車で約10分。

「着きました」

メールを見てすぐ白井さんが外に出ると、天野が家の前でお弁当を持って立っていた。

「早く治ってね」

「ありがとうございます」

そう言葉を交わしたのを覚えている。

部屋に戻って、お弁当を開けた。

豚肉焼き、煮物、玉子焼き、パスタ、ごはん……。

体調は悪かったが、残さず食べ切ることができた。量が少な目だったのは、天野の気遣いだったと思っている。

お弁当を食べて、白井さんは横になった。

午後4時半ごろ。ひと眠りした後、白井さんがスマホをチェックすると、メールが届いていた。天野からだった。

「夜はどうしますか。お腹すいていたら、届けますよ」

「お願いできますか」

午後８時すぎ。天野が再びお弁当を届けに来てくれた。

弁当の中は、豚スタミナ焼き、煮物、ポテトサラダ……。昼と同様、少な目だった。

午後８時といえば、店が一番忙しくなる時間帯だ。そんな大事な時間に、自分のためだけに弁当を届けてくれる天野に、白井さんは心を揺さぶられる思いがした。「ありがとうございました」。感謝のメールを送った。

月曜日。体調は相変わらず。でも、仕事に行った。フラフラしたが、前日のことを思ったら少し力が湧いてくる気がした。

白井さんは、定食酒場食堂に夜、週ほぼ6回通う常連だ。夜ごはんは定食酒場食堂と決めている。

初めて定食酒場食堂を知ったのは、17年の5月の連休前。テレビで放映されたのをたまたま見て、行ってみようと思った。４月23日の日曜日のお昼。いまは日曜は定休日だが、当時は営業していた。２８８円の日替わり定食は平日だけだったので、３２０円のナポリタン定食を食べた。

「味と量にびっくりしました。しかも、ご飯とみそ汁がお替り自由。ありえないですよ」

白井さんは衝撃を受け、翌日の４月24日夜から定食酒場食堂に通い始める。以後、仕事で残業が長引いた時や、帰省など東京を離れる時以外はほぼ毎日、足を運んでいる。

「値段だけでなく、お店の雰囲気がいいから来るんです。安いだけだったら、来ないですよ。オーナーも含めて、店の場の雰囲気が心地いいんです。仕事でイライラすることがあっても、この店に来るとすぐ忘れますよ」

「ここってすごい地位の方もいます。普通に生活していたら絶対に出会えないような人が話しかけてくれたりする。普通の居酒屋だったら隣の席の人と話をするようなことはないじゃないですか。定食酒場食堂に来てから、知り合いが増えましたね。毎日、何人か知っている人に会う。今は会わない方が少ないですね。しかも、おいしくて、お腹がいっぱいになるまで食べさせてもらえる。普通の店ではありえないですよ」

4月26日。通い始めて間もない頃のことだ。昼の日替わり定食がカレーの日だった。当時は昼の日替わりメニューが残っていれば夜も出していた。白井さんはお店のシステムがまだわからないまま、カレーを注文した。

「お皿に好きなだけご飯を盛って」と言われ、皿一杯、山盛りにしてご飯をよそった。お腹が減っていたので、ご飯をたくさん食べたかった。カレーは少しだけかけてくれればいいと思っていた。すると、天野は皿山盛りのご飯を見て、倍くらいの大皿に山盛りご飯を移し換えて、カレーが皿からあふれそうなくらい、たっぷりかけてくれた。

カレーと言えば、6月にも同じ大皿カレーを食べた。付け合わせは、天ぷらと揚げナスだった。7月の大皿カレーは、アジフライをサービスしてもらった。

サービス品は、定食酒場食堂の魅力の1つだ。玉ねぎ半個の揚げ物や、冷やしトマト、リンゴ丸ごと1個などなど。トウモロコシ丸ごと1本を香ばしく焼いて、そのまま皿で出してくれたこともある。

白井さんが通ううち、天野から「任せてくれれば作るよ」と声を掛けられた。定食メニューではなく、おまかせメニューということだ。ここから怒涛の〝天野劇場〟が始まる。

牛カルビ焼き定食は、皿にはみ出しそうなほどの肉の量で、ざっと400gはあるかというボリューム。大皿の親子丼、大皿の豚カツ卵とじ、大皿の牛丼、などなど。11月には、大皿山盛りカレーに別皿のカレー、みそ汁、かぼちゃとピーマンの揚げ物、煮物が付いていた。

ある日、店のメニューに白井さんの名前が付いた「白井ちゃん定食」が1日限定で考案された。中身は、しょうが焼き、玉子焼き、ツナサラダ、もやしの和え物、冷奴、それにお替り自由のご飯、みそ汁と生卵1個が付く。

白井さんは最近、自転車を買った。自転車に乗るのは十数年ぶりだという。

「これまでは新宿から歩いて30分、店から歩いて40分かけて自宅に帰っていました。店に来るために買ったも同然です。ここ1カ月くらいは遅くまで店にいる時もあり、重宝しています。今となっては終電を気にしないでいいから、助かっていますよ」

天野については「言葉では言い表せないほど、感謝しています」。「天野さんのどういうところが魅力なのか」と聞くと、「全部ですよ」と即答している。

これが、ひとりひとりに特別な接客の具体的な姿だ。

天野という男は、もともとこういう人間なのである。


話を人件費に戻そう。

接客は、簡単に言ってしまえば、相手をエスコートすることだ。もっと露骨に言うと、相手を気持ちよくさせる話術や態度で、それ自体がサービスの一部と言える。だからこそ、マニュアル化されうる。事実、どのような形態の飲食店であれ、大手チェーンでは接客はマニュアル化されている。

天野はその対極にある。

「そういう店って、もう流行らないんじゃないですか。みんながマニュアル通りに接客ができたとしても、その人その人の個性があるわけですから。その個性を活かしていかないと。結局、定食酒場食堂は、お客さんにとっては気さくで気楽な店ですよ。料理を出す側は忙しいけど。最低でも厨房4、5人、店全体で10人でやらなきゃいけない店を、2、3人でやんなきゃいけないわけですから。でないとしたら、このメニューの値段はありえないですよね」

逆に言えば、むしろ、日替わり定食の２８８円やナポリタンの80円といった定食酒場食堂の驚くべきメニュー価格は、天野の接客から生まれたものだといえる。いや、天野の接客でしか生まれようがなかった価格だったのではないか。価格があって接客があるのではなく、ある意味、人件費削減によって生じた店のオペレーションから強いられた接客が、定食酒場食堂のメニュー価格を生んだのである。

そのことをぶつけてみると、天野はわたしの言いたいことをすぐに理解して、「それは一理あるかもしれないですね」と同意した。

「接客が先」と言うと、天野は笑いながら「接客なんかしてないって」と打ち消す。たしかに「接客」というと語弊があるが、良くも悪くも人に対する接し方の原型があって、それをどうやってメリットに活かしていくか。それを考えた結果、そこに初めて定食酒場食堂のコンセプトらしいコンセプトが生まれたのである。

第5章

オーナーの表現力と居場所の魅力

天野雅博の『ゼロポイント』（秀和システム）は、著者略歴をこう記している。

１９６７年10月8日、北海道静内町（現・新ひだか町）出身。両親から認知されず幼少期を養護施設で過ごす。３度の少年院を経験し、松本少年刑務所に入る。出所後はリサイクルブティックを7店舗経営し、大成功を収める。31歳の時に、酸素事業や酸素バーを展開し全国に酸素ブームを巻き起こした。33歳で酸素事業を売却。その後は独立起業家支援を始め2年間で47社のオーナーとなる。２００９年に東久邇文化褒賞を受賞。その後も居酒屋チェーンの全国展開なども行い、現在は東京都新宿区四谷にある人気定食屋「定食酒場食堂」を経営する。

中学卒業後、社会に出た。そうしないと生きていけなかったからだ。当然、「中卒」となるが、当時は「中卒」で雇ってくれるところなどあるはずもない。両親がいないことも加わって、天野は10代半ばにして自分だけの力で生きていくことを強いられた。その壮絶な半生は、『貧乏は完治する病気』（あさ出版）など公刊されている計5冊の著書で詳しく知ることができる。

天野にとっては、生きていくこと自体が冒険だった。いや、人生が冒険だったといってよいかもしれない。尊敬する人物は、ヨット「マーメイド号」で太平洋単独横断に成功した冒険家の堀江謙一。太平洋というだだっ広い世界で、時に荒波にもまれながら、自分の力だけを信じて単独航海を成し遂げた。その姿を、自分の生き方に仮託しているであろうことは、容易に想像がつく。もちろん、堀江の著書『太平洋ひとりぼっち』は今でも天野のバイブルとなっている。天野は生粋の読書家だ。養護施設のポプラの木に登って多くの本を読んだというエピソードは、著書にたびたび登場する。もっとも、このポプラの木が、のちの天野の人生観に決定的な影響を及ぼすことになる。「ポプラの木事件」だ。木から落ちたら危ないという一方的な理由で、施設当局はこのポプラの木を強制撤去してしまう。その時の心境を天野はこう綴っている。


登る木がなくなってから、僕はそこにいることができなくなった。つまり居場所がなくなったのだ。ポプラの木は僕の唯一の居場所だったのだ。

親も身より頼りもない子どもにとって、安らぎの場としていた木を強制的に奪い取られたショックは、ある日突然、何の相談もなく自分の持ち家を取り壊されたようなものだ。あるいは、全財産をつぎ込んで苦労して建てた家が、保険をかける前に放火によって全焼してしまったのに近い衝撃である。

大人に対してというよりも、人間そのものに対する不信感が芽生えた事件だった。僕の施設脱走劇は、実はこの後から始まるのだ。（『それでいいのか、サラリーマン』）

唯一の居場所をある日突然奪われた天野は、施設を脱走するしかなかった。しかし、何度脱走を繰り返しても、脱走した先は、信じることができない大人たちの世界だ。当然、そこにも居場所はなかった。天野には人間不信だけが残った。同書で天野が「子どものころに植え付けられた人間不信の感情は、簡単には消えない心の傷になってしまう」と書くとき、それは自身の実体験を語っている。

人間不信に陥った天野は、ますます本の世界にのめり込んでいった。小学6年生までに施設の図書館にあった本はジャンルに関わらず片っ端から読み、図書館のほぼすべてを読破したという。学校の図書館も含めてだろう、「4000冊は読んだ」（『ゼロポイント』）という。同書で天野は「図書館は僕の人生の教室だった」とも書いている。天野をありきたりな不良少年と区別したのは、この読書量にあることは疑う余地がない。そして、天野の類まれな表現力は、この時期の読書が原型を形作っている。

天野の表現力の高さは、定食酒場食堂に入ればすぐに体験できる。店内の壁には、品書きのほかに、天野が考案した名言がいくつも掲げられているからだ。内容の多くは一種の処世訓とも言えなくもないが、純粋な創作とみなしてもよい。これら「天野語録」の一部を紹介しよう。

食べる時の
感情が
そのまま体の

中でエネルギーに
なるんだよ
気分悪く食べれば
気分悪いエネルギーが
体から出てくる。そんな
エネルギー使用しても、
いい結果は、出るハズもない。

この世で
おきたことは
この世で
終る。
だね!!

真面目に考えても
答えは同じ、
ならば

テキトーに考えろ
その方が未来が
見える

木の上に
立って見る
それが　親だ

うちより
旨い店は
沢山ある
しかし
ここの味は、
ない

最大のライバルは
人でもない

企業でもない
移り変わる時代だ

心やすらぐ
昭和がなつかしい
だから
ここ昭和
外　平成

女であるまえに
主婦でもあるまえに、
人間だ！

慌てるな
急ぐんだ
慌てるとは、予測しない出来事に出会って、落ち着きを失う事だ。
ゆっくりと急ぐんだよ。

変わる努力よりも
変わらない勇気をもてば、
いつかそんな自分を好きになる時がくる。
と僕は思う
昭和の旅人

酒ってのはな〜
酔っぱらうために呑むんだ
酔わないように呑んでど〜する

目標をもたないと
頑張れないなら
そんな到達点
やめてしまえ‼
つづかないし、
きっと、途中で

アキラメル！
行きたいゴール
楽しい到達点へ
向かうことだな！

老いた人は、
今日出来た事が
明日、出来なくなる！
若い人は、昨日出来なかった事が
今日出来たりする

昭和ってさ、
こんなにギスギスしてなかったよ！
皆な助け合って一緒に良くなろうとしてた。

つらい事、イヤな事、
そんなの

トイレに流しちゃえ

同じ夢見て走った昭和
同じ夢見てあきらめた平成

定食酒場食堂はこの昭和を
お客様と共につづけたい

先が暗いのは、
過去ばかり見てるからだ

今しか出来ない事もある
今しか食べれない物もある

悩むなら食え!!
お腹いっぱいになったら
また考えろってな

ざっと、こんな感じだ。

茶目っ気の中にも、どこか真実を射抜いたかのような訓言でもあり、人によってはハッとする瞬間があるかもしれない。そうでなくとも、無心で読めば、どれかひとつは心に響くものがあるだろう。

そんな天野を、客はどう見ているのだろうか。

これまで登場した常連客に天野の印象について聞いてみると、およそこんな反応が返ってきた。

最初は、なんかコワい感じだったたですけどね。こう言ってはなんですけど、乱暴な感じでした。すごいはっきりしていて。失礼な奴に対しては、すごい言うんで。仲良くなると、すごく楽しくしゃべれます。そこは面白いなと思います。

今の時代って、ちょっとあるとすぐ何か、SNSで炎上したりとかするじゃないですか。だから、はっきり物を言う人って少なくなっている。（天野さんは）平気で出禁（出入禁止）にしたりとかしますからね。そういうのを見ていて、「いやー面白いな」って思います。僕も出禁にならないように大人しく食べてます、冗談ですけど。ほんとはっきり言いますからね。はっきりしてていいと思うし、なかなかこの時代にいない人だなあと思っています。（高津直樹さん）

口は悪い人ですよ。お客さんとかにあんまり愛想はないんですけど、その分を値段以上の食事で返そうという考えなんだと思います。常連さんはだいたいそういうことがわかっています。少なくとも僕がこの店にいる時間帯に来る人はみんなわかっています。（斉藤秀樹さん）

見ての通り、割とこう、なかなかいない感じの人ですよね。天野さんなりに、天野さんの基準の中でだと思うんですけど、「この人は」って思った人に対する優しさとか愛情とかは、やっぱり人一倍なんじゃないでしょうか。そういう風に感じますよね。お腹いっぱい食べてほしいという強い思いは感じますね。

でも、だからと言って、決して媚びるとか、「お客様は神様だ」とよく言いますけど、そういうのとはまた違うものです。天野さんなりのスタイルというか、その天野さんのスタイルの貫き方というか、そういうものを感じるし、たぶん僕らもそういう天野さんの一貫したものに共感するんだと思います。

常連になるような方はみんなそうだと思います。ただ安いから、ただおいしいからだけだったら、まあそれで十分かもしれないんですけど、それでも昼も来て夜も来てとかは、いくらなんでもそこまでならないでしょう。（大橋史治さん）

好き嫌いが激しい反面、あらゆることに対して自分の信念をどこまでも貫く男。常連客からは、そんな天野のイメージが浮かんでくる。おそらく、的確に天野の人柄を言い当てているといってよい。ただ、わたしはもう少し、追いかけてみたい気がする。

常連に話を聞くと、もちろん安いというのはあるが、ほかに天野の人間性のようなものに魅かれて店に来ていることが理解できる。ただ、本人なりの天野像を引き出そうとすると、それほど自分で深く考えているようなものはなくて、むしろ観察対象といえばよいのか、「この人すげえな」と、見ているだけで終わってしまっている感じは否めない。たかが定食屋ではあるが、超人気店の定食酒場食堂である。ひとそれぞれの天野像があってもよいのだが、ある地点まで近づくと、天野のイメージはすっと姿を消してしまう。もちろん、ただの客なので天野本人に聞きたいことはあっても詳しく聞けないという立場上の違いはあるのだろうし、加えて天野自身、周りからどう見られようと関係ないというのがあるので、そういった関係が自然に生まれてくるのだろう。

次に登場してもらうのは、天野を知る最重要人物といっていい人物だ。店主と客という関係ではなく、店の中で店主とともにスタッフとして仕事をする「流しの松ちゃん」こと松尾政之である。松尾のことは前に少し触れている。定食酒場食堂をボランティアとして手伝い、夜が深まる頃にギター1本の流しで生計を立てていた人物。「立てていた」と書いたのは、18年5月から予告通り流しでさすらいの旅に出たからだ。完全セルフプロデュースで全国47都道府県を回る、いわば〝全国ツアー〟である。

松尾は定食酒場食堂で17年1月末から天野を手伝うようになり、2月から本格的に店に来ている。トータルで約1年3カ月。この間、ブランクが約2カ月ほどあるが、それ以外は天野と一緒に定食酒場食堂を回してきた。特に、出店当初から定食酒場食堂の料理を担当してきたバイト店長が2月下旬に辞めてからは、文字通り天野と二人三脚で店を切り盛りしてきた。

天野の最側近であり、最近の天野を最もよく知る人物である。ここからはその松尾に天野について語ってもらおう。もちろん、目的ははっきりしている。松尾から見た天野を知ることで、天野の人物像をより詳細に理解するためだ。

松尾は1955年1月2日生まれ。港区三田出身。明治学院高校、青山学院大学2年中退。高校の同期はアルフィーの高見沢俊彦と桜井賢。大学の同期はサザンオールスターズの桑田佳祐という大変興味深い経歴をもつ。松尾によると、桑田は学部も同じなのに、互いに授業には出ておらず、ほとんど面識はなかった。一方の高見沢とは面識があり、そのためか流しになってからも未だにアルフィーの楽曲を1曲も覚えていない。「意地ですね」と松尾は笑う。

まずは、初期の話から。

天野の第一印象は「ヤバイ人」。どう「ヤバイ」のかを聞くと、「厳しい」。

「紹介者から前もって、昔やんちゃだったことを聞いていたので、話してみて『この人、ちょっと変わってるな』という印象でした。でも、『この人の感性、面白れぇ』って思ったから店に入ったんであって、まったく自分がわかんない人間だったら逆にこっちから断ってますよ。紹介者にも言ったんだけど、入って、即ケンカになって辞めるか、バッチリ組めるかのどちらかだと思いました」

初対面のエピソードが面白い。

「初対面の時、当然向こう（天野）は僕のことがわからない。だいたい何でも即決するみたいですが、僕のことがわからない。『アレ、堅気じゃねえよな。でもコイツはヤクザじゃねえよな』『なんなんだろう、このオヤジは』というのが第一印象だったらしいです。それで『1日待ってくれ』と言われて。後で聞くと『（自分の）データにない人だった』と言ってました」

松尾は飲食業界の経験が豊富だ。客あしらいは天野から「天性」と言われるくらい、うまい。初めに天野に共感らしきものを覚えたのは、松尾もまた一国一城の主として、自分のやりたいように店を切り盛りした経験があることだった。

「それこそ喫茶店から始まって、ガキの頃から飲食店でアルバイトをやっていました。お客さんに対して、甘く入っていったり、強めに入っていったりができるんです。自分も過去に、定食屋じゃなくてライブバーだったんですが、お店をやっていて、40代には酋長と呼ばれて、それこそ『俺がルールだ』みたいな感じでやっていましたから。それはまったく天野さんと一緒だったし、それをさらに強く出していた人だったですね」

初日、厨房に入って仰天した。天野の料理のスキルを見せつけられ、「とてもじゃないけど、オレはできねえや」と思った。帰ろうとしたら、人が足らないからホールでも手伝って」と言われ、ホールをやり始めた。２、３日やってみて、松尾は気づく。「もしかしたらこの店でオレが歌ったらウケるんじゃないか」。

「それで『歌わせてください』とお願いした。天野さんはＯＫしませんでした。というのは、僕の歌を聞いたことがないから。だいたい、アマチュアの人って過信があるから、そうするとその時点で距離感ができてしまうんです。ただ、料理と同じで、食ってみなきゃわかんない。聞いてみないとわからない。それで歌わせもらったのが、『ハゲの歌』。僕のいつものつかみの曲をやったら大ウケした。天野は噴き出して笑いが止まらなかった。『いやー、松ちゃんすげえな。あんた、自分の欠点を笑いにもっていくのはなかなかできねえよ』と言われて。それがきっかけで、歌わせてもらえるようになった」

「ハゲの歌」とは、谷村新司とさだまさしが実際に共同で発表した「雨昴（あますばる）」を指す。谷村の「昴」とさだの「雨やどり」をつなげ、お互いの頭髪の少なさを笑いにした作品だ。出だしの部分を少し紹介すると、こうだ。

（「雨やどり」のメロディーで）
それはまだ私に髪の毛がいっぱいあった頃
9月のとある木曜日に雨が降りまして
それに放射能が混じっていたかどうかは知らないが
気が付いたら私の大事な毛が抜けた

（「昴」のメロディーで）
我（ハゲ）は行く
髪の毛の少ないままで
我（ハゲ）は行く
だから　すべるよ

この歌は、松尾が定食酒場食堂で歌う時、必ず最初に歌っていた曲だった。店で歌うようになって、2、3日後。60歳くらいの男性が「遠い世界に」（五つの赤い風船）という曲をリクエストした。歌いながら、その男性の目に涙がたまっていることがわかった。少し離れていたが、松尾は気づいていた。すると、天野も気づいて、「松ちゃん。もっとリクエスト受けろ」。松尾はその男性に近づいて、「リクエストありますか」と聞いた。リクエストはかぐや姫の「赤ちょうちん」。歌い始めると、その男性はボロボロ涙を流して泣いていた。その日の閉店近く、天野は一言、「歌って、すげえな。松ちゃん、やってみるか」。「やってみたいですね」。松尾は即答した。

時給で働くか、歌のチップで稼ぐか。天野が提示した条件は、昼間はボランティアで働けば、歌のチップは１００％自分の稼ぎにしていいということだった。流しという職業は普通、チップの何パーセントかを店に入れるのが慣例だ。それを、全額取っていいという話だった。当然、歌の方を選べば、何の保証もない。だがそっちの方がやりがいがあるし、あくまでも歌の評価で勝負できる。松尾は受け入れた。「定食酒場食堂　流しの松ちゃん」が誕生した瞬間だった。

チップは２００円、３００円と集まり、１００円玉だけで1万円を達成した日もあったという。これまでの1日の最高記録は4万円。「2万代はしょっちゅうでしたね。歌い始めて1週間か2週間してお客として来たおばあちゃんが、『あんたのバラード』が聴きたいとリクエストしてくれたんです。そしてウチは３０００円しか取らないのに、５０００円札入れてくれたんですよ。その時は天野さんは『おいおいおい。1曲でウチの夜の値段より高いのかよ』って。この時は、普通に歌ったらダメだと思って、本気で歌いましたね」

2月中に、松尾の歌は定食酒場食堂の「名物」になった。

そのころ、すでに人気店だった定食酒場食堂は、メニューの注文が多く、たまり過ぎて客を長い時間、待たせなければならない事態が起きていた。1時間はザラ。ところが松尾が歌っている間は、注文が止まる。「これはいい」と、注文をスムーズにこなすために早い時間から松尾が歌ったこともあった。

17年6月ごろから、松尾はランチのサラダ係をずっと担当していた。毎日、サラダを60〜70人分くらい仕込む。それをやって、夜は歌っていた。店が終わったら午前1時2時には上がって、ひと眠り。この頃、松尾は「歌だけ歌えればいいや」という気持ちだったという。当然、動かないので天野から「コアラ」と言われ、たびたび嫌味をいわれたこともあったようだ。

そのころ松尾は、天野が当時いたバイト店長に対して声を荒らげる場面にたびたび遭遇している。

「前のバイトがよく天野さんに怒鳴られていたんですよ。そんないちいち細かいことをと思っていたんだけど、逆に言うと、簡単なんですよ。天野さんがどういう風に動くかっていうのは僕はわかるから。あの人はああいう接客をしながら、お客さん第一だから。お客さんが喜ぶようなことをするわけだから、天野さんは次はこうくるなと読んでいれば、やれるはずなんですよ。だから、今の若いスタッフには『他は何もみなくていい、天野さんだけ見とけと。天野さんが次どんなことを考えているかを考えると、楽よ』と言っています」

こういう松尾だが、天野とはいろいろあったようだ。

「天野さんにいろいろと鍛えられてたんですよ。いじわるもされ。曲を歌っている最中に、『次の曲、次の曲』って煽られたり。『それ茶化しですか』って、少しムッとくる時もありました。人間ですから。僕は歌を歌うのに感情を込めて歌いますから、急にポーンと切り替えるのは非常に難しいわけですよ。だから、『天野さん、悪いけどオレはジュークボックスじゃないんだから』って言ったこともあります。あだ名は『人間ジュークボックス』とは言われてましたけど。

一方で、天野さんは聴く方はプロですね。歌い方、発音の仕方。『ここはこうやった方がいいんじゃない』って言われて、ちょっと直すと、『あれ。本当に歌いやすい』とかは何度もありました。手を抜いて歌ったときは、すぐ見抜くし。調子よい時も悪い時もすぐわかる。そういう部分で天野さんは恐ろしい人だと思います。天野さんと一緒にやって、どこ行っても通用するぜという自信がつきましたね」

「ウチよりうまい店なんかいくらでもある。だけどウチの味はウチだけだ」という天野語録がある。松尾は自分に置き換えて「歌の上手いやつはゴマンといる。だけどオレの歌はオレだけだ」と自分に言い聞かせる。定食酒場食堂に来て、自分の歌が良いという人だけ聴いてくれればいいという自負ができたという。また、「老いた人は今日できたことが明日できなくなる。若い人は今日できなかったことが、明日できることがある」という「天野語録」は、まさに自分に向けられた言葉だと感じている。

松尾が歌でやっていけると実感したのは、割と早かったようだ。「ここにいる限り、食えると思ったですよ。だけど、なんですよ」

松尾は17年11月、12月は定食酒場食堂を離れている。新店舗の引っ越し作業で腰を痛めたうえに、店が満席すぎて、歌う場所がない状態が続いた。その間、各地で歌って、手ごたえは十分だった。11月に鹿児島県霧島市で歌った。12月には東京・下北沢のイタリアンレストランで歌った。年が明けてすぐ、長野県松本市で歌った。手ごたえは十分すぎるほどだった。昔から夢見ていた寅さんの旅ができるなと思った。〝全国ツアー〟は松本から始めると決めた。

1月中旬、天野から連絡が入った。「松ちゃん、2月5日、空けといてくれ」。「どうしたんですか」と聞くと、「弁当を届けないといけない。9時に来てくれ」。11時に大崎に配達という。その電話で「たまには歌いに来いよ」と言われ、再び定食酒場食堂で歌うようになった。天野は「離れてた2カ月で歌、上手くなったね」と言ってくれた。

ところが、2月19日、バイト店長が失踪する。「松ちゃん、やってくれるか」「そりゃ、やらざるをえないでしょ」。この日から、天野と松尾の二人三脚が始まる。

天野は、最初はそれほど期待していなかったようだ。バイト店長がいたし、スタッフもいたころは、松尾は動かなかった。夜、歌う専属という感じだった。松尾が「コアラ」と呼ばれていたことは前に触れた。腰を痛めた後も、天野は動こうとしない松尾に対し、怒っていたようだ。松尾の言い分はこうだ。「みんないるのに、僕が動いたら、給料払っている人たちはどうするのか。しかも、腰を痛めた原因は店の移転なんだから」。

しかし、2月19日以降、松尾はてきぱきと客をさばいた。飲み物とサラダ作りだけやってくれればいいということだったが、ホールが間に合わないときはホールに出て、料理も洗い場もこなした。

よくよく話を聞いてみると、松尾は動けば、動けたという。動かなかったのは、松尾が天野の性格をよくわかっていたからだった。「天野は、いったん動けると思ったら、どんどんやらせるから。限界までやらされる」。どういうことか。

松尾は説明する代わりに、こんな体験を披露した。

「例えば、夜付き合う。僕は酒も飲めないのに、行かなきゃなんない。頃合いを見て、『申し訳ないけど、明日ランチあるから、僕はここで帰ります』『付き合い悪りぃな』『付き合いの問題じゃないですよ。天野さんより12歳年上の僕の体力からいって無理です』『じゃあいいよ、帰って』ってなるんです。天野さんが気分悪くしようが何しようが、僕は自分を守るために自分の健康管理をするわけですよ。酒飲めないからなおさらです。だいぶ言われましたが、今は『無理です』って言っても何にも言われません」

のちに触れるが、この一見なんでもないような松尾の体験談は、天野という人間を考えるうえで、かなり有益なヒントを与えてくれる。松尾は控えめに話しているが、２人の間では過去にそれ相応の激しいやりとりと、そこから生じる結構な感情のもつれがあったと想像できる。

「最初のころは天野さんとケンカになりそうな時、何回もありましたよね。申し訳ないけど、年下っていうのもあるじゃないですか。そこで、バーンと言われると、自分は『ハイ』って言っていても、顔に出ている時があったはずなんです。怒られたくないから、天野さんを見て、仕事のタイミングとかを覚えていった。それは、やる気があるかないかの問題じゃないですか。そこだと思いますよ。1回で覚えろっていうのは難しいですけど」

松尾が〝全国ツアー〟の話を天野にしたのは、1月10日ごろ。店内で天野と向き合って座り、打ち明けた。松尾の話に基づいて、その時の様子を再現すると、こうなる。

「僕、こういう風（〝全国ツアー〟のこと）にやりたいんですけど、認めてもらえないですか」

「何を認めるの」

「天野公認で。定食酒場食堂公認でもいいんで、お願いできませんか」

「公認してウチに何の利益があるの」

「僕、ギター生で、歌も生ですよね。農家の人たちがたまたま昼飯食ってるところを通りかかって、『流しの松ちゃんです、1曲いかがでしょうか〜』って言って、弾いて拍手をもらいました。みんなは農作業中だからお金をもってない。チップも払えない。『もしよかったら、チップ代わりに規格外の野菜あったら下さい』。そう言って定食酒場食堂に送ってもらう。店には、『○○県の○○さんが松ちゃんの歌を聴いて、チップ代わりに大根10本送ってくれました』と張り紙をする。食べたお客さんが○○さんに感謝の手紙でも書いてくれたら、○○さんもうれしいし、僕もうれしいわけですよ。そういうのがあったら、僕、できるんじゃないですかね」

「それ、ありだよな」

「例えば、宮城でカキが水揚げされている。カキ場行って歌って、『よかったらここにカキを送ってくれよ』と。ありでしょ。それができるのは、僕でしょ」

「その可能性もあるわ。だったら公認でいこうぜ！」


こうして、松尾は4月をめどに定食酒場食堂を去ることが決まった。（その後、本書が出版される直前、諸事情により、松尾の「定食酒場食堂公認」は取り消されている）

わたしが松尾を取材したのは3月下旬。この時点で、松尾はこう語っている。
「コアラがチーターのように走ったということで、天野さんの期待をいい意味で裏切ることができたと思う。非常に大変な時（2月下旬にバイト店長が失踪したこと）に、1カ月半できたことが自分としてはいいタイミングだったし、運がよかったと思っています。天野さんから改めて『ありがとう』という言葉もあったし、『松ちゃんに助けられるとは』と再三言われました。この60年間、怠惰な生活をしてきたのが、この1カ月半で60年分働いた気分です
この年で、褒められたり、頼られたり、ありがとうって言われることって、すごく嬉しいわけですよ。63歳で普通だったら、早く引退しろよっていう話になりますよ。それが今、引退を惜しまれているんです。こんなのありえないじゃないですか、オレみたいないい加減な男に。それは本当に感謝しています」

さて、ここからは松尾に対する1問1答形式に改めよう。

——天野さんの性格は
「……」（考え込んで）

——おおらかじゃないですよね。繊細は微妙かな。

「繊細ですね」

——どういう時に？

「全てにおいて繊細です」

——細かいってこと？

「うん」

——思考が細かい？

「うーん。気付く」

——大雑把ではないってこと？

「大雑把では絶対ないです。だから、厳しさがある。それは俺にはないよ」

——例えば、優しさとか、気遣いとかは？

「物凄い。物凄い」

――一見、ぶっきらぼうじゃないですか？

「言ってることだけじゃん。やってることはもう繊細な気配りと優しさ」

――1年2カ月、天野さんの近くにいて、優しさや気遣いが感じられたエピソードは？

「いや、それがなかったら、この店自体がないでしょ。ね。だって、お客さんに対しては100％尽くしてる。お客さん第一。それが、天野だって神様じゃないから、スタッフになった人間に対し、それを実践できないことに対しては物凄い怒ります。感情的になってガァーッって言われます。そこまで言うかっていうくらい言いますよ」

――それは、天野さんの頭の中にある動きをしてくれなかったから、ということ？

「そう。なんでお前、理解できてねえんだと」

――その天野の頭の中を察知して動くことは、普通の人はできることなんですか？

「だって、同じこと毎日やってるわけだから」

――それは例えば、教えるとか。

「いや、教えることじゃないわけですよ。だからそこが、難しいんです」

――教えるのは下手？

「経験ゼロの人に、料理の基本とかを教えるのは上手い」

――前のバイト店長がいたころと、忙しさははるかに上回るのでは。

「いや。ミスをカバーしながらやっていくよりは、天野さんのペースでやることによって、忙しさもそんなに変わらないんじゃないか。前店長はミスが多かったから。やっぱり精神的なストレスの方が疲れるからね。

——天野さんが不器用だという点は。

「ない」

——ない？

「ない」。

——本当に、ない？

「お客さんに対してこんなに言わなくてもいいのにとか自分が思っていても、そのお客さんは必ず戻ってきたりしますから。言われたヤツほど、また店に来ている。だから不器用そうに見せているだけだよ、はっきり言って。ぜんぶ計算づくだよ、ホント。頭に来ることは俺も人間だし、わがままだから、何回もありましたよ。そこまで言わなくたって、っていうのはあるよ。だけど、そこまで言われるってことは、なにかまだそこにあるなってこっちも考える」

——天野さんの接客でスゴイと思ったことは。

「だって、見てるもん。女の子が2カ月、3カ月ぶりに来たって、一瞬で『あ。ヘアスタイル変えたんだね。いいじゃん今の方が』とかさ。全然気づかないでしょ。そういうことを何カ月ぶりに店に来た人でもやるから。記憶力がいいとかいうレベルじゃないですよ。それはもう、繊細な人間そのものですよ。俺も若い頃は人の顔と名前を覚えるのは得意だったけど、すげえと思った。下手すりゃ、日にちまで言うじゃん。『〇月〇日に来たよね』とか。言われた方は『ええ⁉︎」となるよ』

――この店に来たときは、天野さんの生い立ちは知っていた？

「ぜんぜん」

――生い立ちを知ってから、そういう環境で生きてきた人の面が出たなという場面がありますか。

「ありますよ。それは逆に言ったら、天野さんの原動力でもあるだろうし、コンプレックスかもしれません。それはどういう風に天野さんが消化しているかはわからないけども、そういうのは絶対ありますよ」

――普段の会話の中で、自分の過去の話とかは出るんですか？

「出る」

――どういう話の文脈で？

「もう、悪い話から何から全部聞いていますよ」

――聞いていてどう思います？

「俺はこの時点で挫折しているな、これ以上の根性、腹のくくりはなかったな。だけど天野さんそこまでやっているんだなとか、思っていますよ」

――天野さんの中では過去のことは割と消化できている？

「だってさ、自分の過去を否定すること自体、おかしいでしょ。過去があって今がある。僕の歌だって、歌が上手い人はいくらでもいるんですよ。だけど、僕の歌は僕しか歌えない。天野さんも言ってくれたけども、『松ちゃんは60年間生きて、挫折を感じ、みじめな思いもしたし、いい時もあったんだろう。それが歌に出ているから、いいよね』って言われれば、僕だって嬉しいですよ。だから、ここにも書いてあるけども、『ウチよりおいしい店はいくらでもある。だけどウチの味はウチしかない』。これは天野さんの絶対的なプライドですよ。味だけじゃない。1人でランチ一気に60食作れる人は何人いる？　僕はこの言葉で復活させてもらったんです」

――天野さんの周囲に対する気遣いの具体的なエピソードがあれば。

「歌っている時に『松ちゃーん、七輪！』って言われるわけですよ。歌っている途中で『はいーっ』って止めちゃうわけだろ、で、七輪持ってハイハイハイってやる。その時はなんでこんなことをされてるんだと思うわけですよ。ところがそこで、またギターを持って『どこまでやりましたっけ？』って言うと、お客さんがみんなで歌いながら教えてくれたりする。それも、要するに場の雰囲気を高めるために天野さんが仕掛ける。歌っている俺にしてみれば、ちょうどいい時になんてこと言うんだって、最初は思った。だけど、結局、俺にチップを入れやすいように場を笑わせて盛り上げるための演出なわけですよ。それは、11月から外で歌ってきて帰ってから、滅茶苦茶感じましたね」

――天野さんは定食酒場食堂の先に何を見ているのか？

「食い物って、毎日食べるものだから、はっきり言って、（288円で）味さえ良ければお客さんを逃がさないよね。すげえと。288円定食と知って、『しょぼいだろう』と思って僕も店に来ました。何出せるの？？？って。それは、一般常識で1食いくらの利益率を考えたら、できません。誰も考えつかない。だけど、じゃあそこ（288円）を宣伝費で考えたり、話題づくりで考えたりすると、ものすごいインパクトじゃないですか。しかも、1日トータルで利益率を考えて出しているから、普通だったら3割、2割5分、1品ずつの原価率でやるかもしれないけど、ここは全体的に40％、50％で利益が取れればいいやと思っているので、そこがすごいと思う」

——単なる金儲けでこんな店は作らない。天野さんは何をしようとしているのか。

「うーん」

——天野さんは場を作りたいと言っている。

「そうそう、その場ですよ。その場っていうのは……。『儲ける』ってどういう字を書きます？信者でしょ。その意味でいったら、信者はたくさんいるじゃないですか」

——教祖になりたい？　そうじゃないとわたしは思う。

「そういうのはないな。だけど、逆に言うと、そういう人たちが天野を理解し、本当に理解なんてしてないと思うけどね。だけどある程度、天野さんという人間について、この人はこういう人だなと思っている。ある意味、信者なわけです」

――信者にとって、定食酒場食堂は特別な場所だと？

「だって、実際問題、今あらゆる飲食店で個人営業が衰退して、外食産業だけが生き残ってきているわけですよ。その外食産業は、もちろん味もあるんだけど、一番は値段だったり、スピードだったりするじゃないですか。それって、俺から見たら、みんなが満足していないと思う。だけどこの店は、値段と味はいい。そのうえ場の雰囲気があるから、その場に入りたい人が店に来ますよ」

――でも評価は分かれますよね。

「例えばランチで店に来て、俺の横暴さとか、天野さんの怒鳴り声で、安くても何でこんな中で食わなきゃいけないんだと思った人は二度と来ない。そこははっきり分かれます。だけど、自分に合うなと思った人は、自分の待遇を良くするためにはどうすればいいかを考えて、回数券を買うかもしれない。先払いで20回来て食べるわけだから、それだけで常連として特別扱いもある。夜、飲みに来る。食べて飲んで、歌があった。また夜、来る。2回、夜来たら、ランチの時に、天野さんは態度違いますよ。その差別化があるから、お客さんも、定食酒場食堂というこっちの場に入りたくなるんですよ。この店をそういう風に理解できない人は、べつに来なくていいんだから。というのが天野さんの考え方で、この1年半、近くで見てきてその考え方は揺るがないからね。それはすげえと」

――常連は客というよりも、天野と一緒にこの店を盛り上げている？

「そうですよ」

——天野さんの人との距離のとり方。接客も含めて距離が近すぎたり、遠すぎたり。その過剰さを感じますか？

「……」（約10秒の沈黙）

——それも初めから計算されていると思いますか？

「それは…」（と言いかけて、また約5秒の沈黙）

——（松尾の答えを待つ）

「よく言うんだけど、俺はハグレ者だから、例えば酒も飲めないんで、（天野さんから）『一杯付き合えよ』と言われても、自分の体力を考えてお断りしたことは何十回とあります。その距離感は、はっきり言うと、天野さんには申し訳ないけど、天野さんやお客さんに対する距離感、自分はすごく考えています」

——一般的な距離感とは違う

「だから、一般的な考え方っていうのは、あなたの常識の中の考え方であって、本当に一般的じゃないわけですよ。その距離感の作り方は。その距離感で一般的な方たちが、一般的というとサラリーマンと勤め人を考えるけども、その距離感で充実した人生を送れてますか、って逆に俺は聞きたい」

——天野さんの人に対する距離感は、天性のものであって、計算されているわけではない？

「というよりも、そこは生い立ちの部分、生い立ちの部分はよくわからないけども、彼の中学生ぐらいからのワルの話を聞いていると、そこでできた仲間たちの、何というか連帯感は、俺たちが経験してきた比ではない」

ここまできたところで、論評に入りたい。わたしは、この松尾の実感は、かなりの説得力をもっていると思う。若い多感な時期に、どういうことかはわからないにしても、仲間と一緒に何か悪事に関わるようなことを企み、行っていた時に、天野が無意識に体得したもの、その中には当然、仲間意識の強さや人との距離感の異様な近さがあったはずである。敵が多いアウトロー同士ほど、絆は強まるものだ。その人間関係の濃密さが、成人して以降の天野自身の人間関係に対するスタンダードの基軸になっているのではないか。

わたしは、天野に感じる他者に対する距離感の過剰さは、それは近さだけでなく遠さも含めて、計算されたものではなく、自分自身でも制御が効かない部分なのではないかと思っている。

しかし、松尾の見方は異なる。

「俺は、少なくとも、天野さんのやることは全部計算づくだと思っている。それが本能でそうなっている部分もあるだろうし。例えば、料理のレシピってあるじゃないですか。その通りやれば、ある程度は上手くできますよ。だけど、もしレシピ通り作っていたとしたら、今日みたいに温かくて乾燥している日には、それが本当においしいのかどうか。そこに塩をもうひとつまみ、ちょっと砂糖を入れる、そういう部分の調整力は天野さんは抜群ですよ。そこが感性ですよ。そこの部分は料理と歌は同じで、この店で本当に鍛えられたと思っています」

ここで松尾が言っているのは、天野は、天候の変化などによって塩や砂糖を微妙に加減するように、状況の変化によって人間関係の中で自分の立ち居振る舞いを調整しているということだ。もちろん、それは当然その通りだろう。

わたしが言ってみたいのはそういうことではない。松尾はその調整力について「本能」や「感性」という言葉も使っている。わたしが考えてみたいのは、そうした「本能」や「感性」があったとして、その「本能」や「能力」を発揮するうえで、もっとうまいやり方があるのではないかということだ。ある一定の社会の枠組みの中で自分の「本能」や「感性」を思う存分に発揮するためには、ある一定の秩序の中では、本心はどうであれ、反逆者よりも従順者を装った方が結果的に上手くいくことはありうる。多数派であった方が、自分の意志を貫きやすい。そうした戦略的な擬態が時には必要なのではないかということだ。そういう意味では、天野はあまりにも不器用なのではないかということを言いたかったのだ。

「もう、半端じゃないわがまま度だから。感情もコントロールしないから。と言うか、わざと演出して出しているからね。感情もコントロールできないでとか色々言う人はいるけれども、コントロールしていないフリしているだけで、あの人はコントロールしているからね。それができるのはすごいと思う」

天野について、松尾はこう語ったことがある。

もし仮に、人から「半端じゃないわがまま度」と言われてしまうものをコントロールして演出しているとしても、それから生じたすべての結果責任を天野独りに背負わせるのは酷だと思う。それは本人も気付いていない何か「よそよそしい力」に強いられてのことではないか。わたしは「そのよそよそしい力」こそ、冒頭で紹介したような幼少期の「ポプラの木事件」が天野の心に刻んだ人間不信であり、青少年期の人間関係で培った濃密な仲間意識であったと考えている。

第6章

皆で創りあげていく新しい「場」

定食酒場食堂は18年のゴールデンウイーク中、改装を行い、リニューアルした。事実上の全面新装開店だ。座席数が54席から60席に増えた。1階20席、2階40席。1階2階とも、天井をむき出しにして開放感が増した。

1階部は、1階から2階へ飲食物を運んでいた厨房内のフォークリフトを撤去。その分、スペースが広がり、客席数が増えた。会議用の長テーブルを使っていた一番奥のカウンター席を新たに作り変えた。厨房内は狭くなった形だが、レイアウトを改善し、使い勝手が向上したという。

客にとって嬉しいのは、各テーブル席の中央部分を切り取り、七輪を収める堀が新設されたことだろう。それぞれに排煙ダクトも取り付けられた。換気扇と吸気口も新たに加わり、これで店内が七輪の煙で充満することもなくなった。

七輪の煙といえば、わたしが夜の定食酒場食堂を取材中、目にした光景が思い浮かぶ。家族連れの客が飲食を終えて、2階から階段で1階に降りてきた。1階ではすでに七輪焼きが始まっていた。小学生くらいの女の子が階段途中まで降りて来た時、その女の子は顔に手を近づけ、煙を払う仕草を何度もした。嫌がる表情ではなかったが、わたしは少し可哀そうに感じた。

さらに嬉しいことがある。何より、今までなかったエアコンが2台設置されたことだ。店の昭和のイメージから少し意外な感じもしたが、「昭和にも涼しい時代はありましたから」と天野は笑う。

2階も客席部分を増設。同時に、ビールサーバーと焼酎、サワー類に対応するサーバーを設置し、ドリンク類は完全セルフサービスとなった。故障していたエアコンも動くようになった。改装は念願だったようだ。

「去年の9月に移転して、間に合わせで開店して。使ってみたら、使いづらかった。ダメだこりゃと思って、当初から改装を考えていました。厨房のレアウトも全部自分が考えて、業者にやってもらって。ドリンク類は全員セルフですよ。これで、ほぼ理想の形になりました」

天野はこう説明する。

総工費を聞くと、「結構かかりました。ここをオープンする時よりかかった。全部撤去して、スケルトンにして改装ですから」と答えた。

定食酒場食堂は新装開店した東京四谷の本店のほか、のれん分けした北海道札幌店がある。7月で1周年だ。そして、早ければ18年9月にも、神奈川県川崎市に3号店がオープンする。関西地区では初となる大阪店の出店構想も進んでいたが、諸事情により、現在は延期されている。

川崎店は川崎市幸区にオープンする予定だ。川崎店の構想は当初順調に進んでいたが、5月の物件交渉の最終段階で頓挫。しかし、頓挫した当日、不思議なことが起きる。川崎の同じ幸区に住む女性が定食酒場食堂に客として来店した。その女性は、いつか自分の店を出したいという夢があり、複数の知人から定食酒場食堂のことを聞き、興味をもって来店したのだ。「私、こういう店がやりたかったんです」。その日、七輪でジンギスカンを焼きながら、女性はこう言ったという。目に見えない何かが女性を定食酒場食堂に引き合わせたのかもしれない。偶然とは思えない出来事だった。実現すれば、北海道札幌店に次ぐ3号店（のれん分け店）となる。

天野の描く理想は、10年間で100店舗。1年間で10店舗だ。東京本店の近くに新たにパイロット店の役割を担う店舗を作って、研修センターを兼ねてもらう。そこを拠点に人材を育成し、次々に全国展開していくという構想だ。

たしかに、連日「満員御礼」の東京本店の現状では、経営戦略の次の一手は新たに店舗を広げていくことが大きな選択肢の1つとなる。事実、天野は「新しい店舗、広げていきますよ。ここからやっとノウハウを作ったわけですから」と意気込む。

ただ、これまで見てきた通り、天野が生み出した定食酒場食堂の運営ノウハウは、天野以外が真似して簡単にできるようなものではない。かといって、ある程度のマニュアル化はしないわけにはいかないだろう。

「マニュアルを人に教えることって、めちゃくちゃ難しいですよね。『なんでマニュアル通りにやらないんだ』ってなる。だけど、個人経営の店なら、やることはだいたいわかっているわけだから。皿を洗う、拭いて片づける。ああする、こうするは、ただの業務じゃないですか。そこにマニュアルはいらないですよね。だから、やりたいようにやればいい。ホールでスタッフがお客さんに怒られたら、僕が行って『どうされました？』って聞けばいいわけです」

ありえないことだが、もし仮に、定食酒場食堂の接客マニュアルがあったとしても、それを誰もが実行できるとは限らない。全員、1人ひとりに対して特別な接客をすることが定食酒場食堂の重要なコンセプトだから、1人として同じ接客はないことになる。定食酒場食堂では、マニュアルができたとしても、その瞬間、マニュアル自体が意味のないただの紙切れとなる。

「だから、その人の個性を活かせばいいじゃないですか。自分を出すことは、マニュアルじゃないでしょ」

当然、そうなるだろう。そうすると、新しい店舗に天野自身はどのようにかかわっていくつもりのか。

「自分の店だけど、スーパーバイザー的な形じゃないですか」

天野はこう答えた。

新しい店舗の位置づけは、あくまでものれん分けであり、フランチャイズ方式はやらないという。

「店舗が儲からないじゃないですか、フランチャイズって。上から吸い取られてばかりで。もしフランチャイズ型にすれば、僕は儲かりますよ。でもそれをやると、新しい店舗が潰れますから。定食酒場食堂はギリギリの価格でやるわけですから。それをさらに切り詰めようとすれば、やっていけませんよ」

のれん分けの中身はこうだ。「のれん料」として、年1回、前払いで1坪1万円。ただそれだけ。30坪の店を出したら30万円。50坪なら50万円。あとは、出店前の研修費。1日1万円。２週間で覚えるなら15万円。１カ月かかるなら30万円。延長するかしないかは、料理の覚え方次第となる。

「あとは地産地消、その土地のものを使っていろいろなメニューを考えて出してください、と。仕入れは全部、お任せ。その方がラクですもん。もちろん、仕入れの具体的なノウハウは教えますよ。それ以外はやらない。店舗の売上がいくらであろうと、関係ない。どんなに人気店になって、この1号店以上の売上が出ても、関係ない。それは、それぞれの店舗に儲けてほしいからです。定食酒場食堂は、吸い取り屋じゃないんだから」

のれん分けの資格は、研修に合格すること。今までに５人、弟子入り志望者が来たが、合格者は1人だけだった。北海道・札幌で2号店（17坪）を経営している人だ。ほかの４人は「だめだったね」。

マニュアルがないだけに、どこが評価されるのか。

「やっぱり、スピード。お客さんに対して、強く出られた時の対応の仕方。個性を出している人ほど、合格するんじゃないですか。『いらっしゃいませー』なんて言う人は無理。定食酒場食堂のコンセプトに会ったものですから、むしろ態度が横柄な人の方が合格するかもしれませんよ」

天野によれば、歓楽街は常連ができにくいという。だから、都心で住宅街の一角を狙っている。

「ちょっとした高級な住宅街の近くに定食酒場食堂があったら、絶対に成功しますよ。お金持ちほど、ウチに来るから。家賃が高い住宅街って、物価も高いわけですよ。だけど、高級住宅街にも古い空き屋のような物件はあるはず。大家さんが定食酒場食堂のコンセプトに共感して、特別に安く貸してくれるのを期待しています」

1号店は物件取得から内装を含めて、2週間で完成させた。物件さえ決まれば、オープンまで一気に進む可能性は高い。


「そろそろ核心的な話をしましょうか?」

定食酒場食堂の夜の部を取材していたある日、天野は突然、わたしに言った。翌日、改めてその発言の真意を問うと、天野は話し始めた。

「これまで取材されてどうですか。何か感じませんでしたか。気付き始めている人もいるんですけど。ご飯、みそ汁お替わり自由、食事、飲み、といろいろあるんですけど、定食酒場食堂は『場』を創っているんだと。場の空気感。隣の人との会話をしやすい雰囲気。この店に来た人同士が、気安く話せる。テーブルどうしでも会話が始まり、互いにお客さんとお客さんで協力し合って、『場』を創っている」

たしかに、夜、取材に来て、テーブルに座っていて、いつの間にか客と仲良く会話していることがあった。きょう、しかも1時間前に初めて対面した人なのに、自然に会話が生まれ、すごく親しく話し込んでいる。ほかのテーブル席の客たちも、店に来る前からもともと友人同士ではなかったケースが少なくないと推測される。

「どんなに安くてうまい料理を作ろうと、他のお店にはそれがないですよね」

こう言って、天野が続ける。

「旧約聖書『創世記』によれば、神は6日間しか、地球に存在しなかったんでしょ。7日目は休んだんでしょ。神はなにをしたんですか。『場』を創ったんですよ。僕も、『場』を創ってるんです。『場』、『ポイント』、『地点』。定食酒場食堂が目指す究極のかたちは、『場』の創造です。『場』を創ったら、本来なら僕の仕事は終わりだけど、『場』に対して提供する飲食物を作らなければならないというだけです。『場』は3年かけて完成に近づいたはずですよ。これからはコンテンツですよね」

天野が見据えているのは、「人生のパーキングエリア」。天野には、だんだん完成形に近づいてきているという実感があるようだ。

「結局は、場の創造ですよ。今は言われなくなりましたけど、5、6年前まではよく『天野さんって何屋さんなんですか』ってよく聞かれました。いろんなことやってましたから。『僕は製造業ですよ』って。『え？　何作ってるんですか？』『夢と喜びですよ。夢と喜びを製造して、出荷してるだけですよ』と」

なるほど、「夢と喜び」の形は、いろいろなものでありうる。「夢と喜び」を提供する方法として、食堂やお弁当を選んだというだけのことなのだろう。

取材の一番の冒頭で「なぜ食堂か」と聞いた時、天野は「みんながお腹いっぱいに」と答えた。それを大前提として、その先にあるものが「夢と喜び」なのだという。

「お腹が減っていたら、夢も喜びも湧いてこないでしょ。それを同時にやっちゃおうってことですよ。僕は15年以上も前から『ニッポンの心をお腹いっぱいに』と言い続けていますから」

定食酒場食堂はすでに「お腹いっぱい」は十分に完成させている。次は、「夢と喜び」という心の満腹度というわけだ。定食酒場食堂は「夢と喜び」を実現させる場であり、「お腹いっぱい」になるだけではなく、色々なお客さんと普通に会話ができる。昼も、相席したお客さん同士で話が始まる。店に入る前まで他人だった人たちが、あたかも古い友人同士であるかのような不思議な光景が広がる。そうした「場」の中で、客同士がお腹いっぱいになり、そして「夢と喜び」を感じて心もお腹いっぱいになってほしい。それを演出する舞台装置が、定食酒場食堂という「場」なのだろう。

そうした「場」は、店舗を増やさないと完成しないものなのか。この質問に天野は、めずらしく弱音を吐いた。

「いや。そんなことないけど……。弱気な発言をしますけど、定食酒場食堂をやるっていうことは、オレと同じような精神状態に追い込まれることを意味しますよね。そうだったら、店舗を拡大しない方がいいかなとか思ったりもします。ただ、飲食業界としては、定食酒場食堂がやっている集客態勢はどこだって真似したいわけですよ。こんな立地の悪い店にこれだけ大勢のお客さんが集まる。場所が悪くてもお客さんは来るというのは、もう定食酒場食堂が証明した核心部分ですよ。だから、今やっている居酒屋が不景気だったら、ウチみたいに業態変更すればいい。すでに店があるわけだから、すぐスタートできます。定食酒場食堂の援軍として、定食酒場食堂のメニューを取り入れて、スタートしていく。すぐには真似できないかもしれないけれど、研修していけばなんとかなるんじゃないですか」

店舗を広げて「夢と喜び」を全国各地に広げていくという壮大な構想。現在、登山で言うと何合目くらいかという質問に、天野は少し考えて、こう言った。

「登山で言えば……。仕組みはできあがっちゃっているから、もう7合目、8合目まではいっているんじゃないですか。だってあと、50店舗にするか、100店舗にするかというのは、お金と時間と人の問題じゃないですか。あと技術的なノウハウですが、ノウハウはもう全部できているわけだから。極論は1店舗ワンオペ。2人いて、限りなくワンオペに近づけるのが理想ですね」

念のため言うと、「ワンオペ」とはワンオペレーションの略で、店を1人で回していくことだ。天野には以前からこのワンオペ運営にこだわりがあり、東京本店では今回の全面改装でほぼ実現した。

「家賃が安くて、人件費を最小限に削減する。そこに儲けのカラクリがあるわけでしょ。だから、この値段でまともな料理を提供できるわけでしょ。極論すると、定食酒場食堂の理想を追求していけば、この店をどうすればワンオペにもっていけるかに行きつく。ワンオペになれば、飲み物も食べ物もお客さんが自分で取りに来てもらうしかない。夜もそのスタイルでできればいいかなと」

天野の念頭には、現時点でドリンクバーやイートインなどの構想が浮かんでいる。ドリンクバーにすれば、お酒類は完全セルフになる。これは実現した。そして、2階部分をコンビニのイートイン的な場所にする。そうすれば、料理も客に取りに来てもらうことになる。高速道路のサービスエリアと一緒だ。どうやら、「人生のパーキングエリア」という言葉には、そういう意味も含まれているらしい。

ここまでくると、定食酒場食堂の最後の課題、忙しさということに尽きてしまう。

「そう。それが最大の欠点。本当にね、おれの人生にとっても最大の欠点ですよ」

その最大の欠点を、どう克服するか。その構想はあるのか。

「人を増やす。でもそうしたら、結論は一緒になっちゃう。それはできない。無理。だから、お客さんがゆっくりしたいなら、ゆっくり頼みましょうというしかない。それを徹底的に指導していくしかない。今、ひとつのテーブルで最初のオーダーは3品しか受けてないから。４人いても3品。飲食店って普通、たくさん食べてほしいわけでしょ。10品、20品、頼んでくれた方がいい。ウチは3品まで。3品出たら、また3品まで頼んでくださいねって。ナポリタン3人前はOKですよ。3品ですから、あと2品頼めます。その代わり、ナポリタンは1回の注文だけ。お替わりはなし」

忙しさをカバーするために、オーダーを制限する。10品、20品頼んでくれれば、その分だけ利益が出る。店側としては、大歓迎のはずだ。しかし、定食酒場食堂は忙しさのために利益を制限していることになる。そのジレンマはないのか。

「ない。ぜんぜんない」

あくまでも、客がゆっくりできるのが優先だという。

「常連さんの中から、もっとボランティアが出てくればいいとは思っています。やっぱり、空気感っていうのがあって、まったく知らない人よりも、定食酒場食堂の空気感を知っているお客さんがウチで働いてくれるのが一番いいんです。

その他に、『手伝いましょうか』と申し出てくれる人はいると思いますよ。ノウハウを学びたいだろうし。べつに僕についてきてもらわなくていい。面倒くさいし。仕事を覚えて、自分でできるようになってくれればいいわけです。こっちはゆっくりしたいんだから。時間があれば、ぼーっとしたいね。しばらく。1年くらい。日向ぼっこしながら、読書して。饅頭でも食いながら。もともと性格的にあまり人が好きじゃないから。放浪癖が激しいんで。駅弁でも食べながら、どこかに行ったりして」

これからの定食酒場食堂の行方を聞くと、天野はこう答えた。

「お客さんが定食酒場食堂を潰したくなければ来ればいいいし、潰したいなら来なきゃいい。どっちでもいいんですよ、こっちは。極論で言うと、お客さんが来なくなったら、僕は辞められる。今となっては、それが夢だよね。最初はお客さんに来てほしかった。だから定食酒場食堂を始めた。今となっては、辞めるのがだんだん夢になってきましたよ。今は辞められないじゃないですか、責任があるから。お客さんが来てくれている限り、続けなきゃいけない。誰か定食酒場食堂をやってくれるんだったら、今なら売るよ。オレと似たようなタイプがどこかにいるでしょ。君ならできる、ってね」

最後は冗談半分としても、猛烈な忙しさに追われる現状では、意外と本音の部分もあるのかもしれない。


以上が、天野自身による定食酒場食堂の未来構想である。

本来なら、ここで定食酒場食堂に関するわたしの原稿は「了」と刻印されるのかもしれない。しかし、本書の狙いは、定食酒場食堂と天野雅博という人物について、できるだけ客観的な視線を入れて公正に検討することだ。

天野の未来構想を考慮に入れつつ、次に本章はう回路をとる。いったん天野から離れて、定食酒場食堂のビジネスの行方と、その運営責任者である天野雅博という人物を考えるうえで、読者のヒントになる第三者の見方をいくつか紹介する。そのうえで、再び天野に帰るだろう。

一連の取材を通じて、わたしはさまざまな関係者に話を聞いている。その一部はすでに紹介した。取材をひとまず終えて振り返ってみると、話を聞きながら、定食酒場食堂と天野雅博について割と冷静に、客観的に見ているなと感じた人物が3人いた。いずれも、夜の常連客である。偶然かもしれないが、その3人の職業は共通して、知的水準の高い、いわゆるインテリ層に属している。価格の安さが表面上の最大のウリである定食酒場食堂の常連客には、大富豪とまではいかないにしても、どちらかといえば富裕層に入る方が少なくない。この3人がそのことを如実に示している。

彼らの話を聞くと、その分析能力の高さからか、表現力からか、定食酒場食堂の安さ以外の別の魅力が鮮明に浮き上がってくる。彼らが定食酒場食堂をどう見ているのか、天野雅博という人間をどう見ているのかを知ることは、定食酒場食堂の行く末を占ううえで、重要な示唆を与えてくれるだろう。

1人目は、田中純一郎さん。弁護士。本人は「顧問弁護恥」と卑下するが、れっきとした定食酒場食堂の顧問弁護士だ。

定食酒場食堂を知るきっかけは、約1年前。たまたま友人に「すごい店がある」と言われて、来店した。昔の仲間が店で働いていたこともわかり、天野と話すようになった。その後、何度か来店した際、天野から「相談したいことがある」と声を掛けられた。弁護士だということは、初対面の時に明かしていた。その案件とは、旧店舗の立ち退き関係の話だったという。そこから天野との付き合いが始まった。以下、田中さんの話。

普段は、天野さんのような曲者はノーサンキューなんですけど。でもね、なんかね、こう、付き合ってみようと思ったんです。なぜかって言えば、ある意味、僕と真逆の環境で育ってきて、悪の限りを尽くしてきたみたいな人でしょう。その人が今、288円で定食を売っているって、おかしいじゃんかっていう。僕もいろいろな人を見てきましたけども、288円定食をやろうとした決め手は何なのか、興味をもったんです。

だから、あんまり仕事でお付き合いしているとは思ってないんです。取りっぱぐれてもいいし、騙されてもいいと思っています。僕が職業的にピンチになるのは困るけれども、それがない限り、付き合ってみようかなと。そんな感じですね。

まあ、相談はいろいろありますね。普通、弁護士は相手にしないような話もありますけど、288円でやっているっていうのがね。僕もある意味、仕事に余裕も出てきて、お金に関係なく自分の興味の向くことに打ち込めるようになったというのもあります。だって、こういうのって面白いじゃないですか。

職業柄、高級なお店にも行きますけど、僕は立ち呑みの「せんべろ」（1000円でべろべろに酔える安い店）とかの方が好きですね。定食酒場食堂は出会いがありますよね。仕事という意味では、面倒くさいことばかり増えていく感じで、全然ロクなことがないんですけど。

僕が弁護士をやっている中で言いたいのは、やっぱりね、やんちゃしてたヤツとかクソガキだったヤツとか、そういう人を応援したいなっていうのはあるんですよ。そういうところからですかね。

天野さんについてですか？　危なっかしいですよね。魅力は、突き抜けたところですかね。自分の主張に対して一歩も引かないし、ある意味、不器用ですよね。天野さんについて、店の外でいろんな人からいろんな話を聞いたし、この店でも強い部分、弱い部分、いろいろ見ています。

中には「あの人とは付き合わない方がいいよ」という意見ももちろんあります。

それでも付き合う理由ですか。うーん。何だろう。やっぱり、次の世代の天野さんみたいな人をサポートしたいみたいな。本当に、無茶苦茶ですよ。

僕は飲食店の顧問先が多くて、飲食店をサポートするのが好きなんですよ。なぜかと言ったら、ガキの頃、やんちゃしていたクソガキどもが、経済的な意味も含めてのし上がるには、飲食業界が最強だと思います。

だって、本当にクソガキで、高校中退したような奴らが何かしようと思ったら、例えば、それこそオレオレ詐欺とか闇金融なんかの手先になって、捕まらずに逃げ延びて、貯めたカネでキャバクラやホストクラブをやるのがのし上がる手段じゃないですか。高度成長期の頃は、例えば、職人になって独立して1人親方で会社つくって社長になるといった夢があったけど、今はそういう時代じゃない。

1つあるとすれば、飲食業界なんですよね。昔クソガキだった奴らが、きちんとした融資と、お客さんへのサービスができれば、うまくいくんです。雇用が生まれて、お金が回っていく。そういう展開をサポートしたいと思っているんです。独立して頑張りたいという人たちを応援したいし。

天野さんはその先達的な人でもあるから、僕は天野さんがこれから何をするか、見させてもらいたいという気持ちがありますね。そういう意味では、天野さんに学ばせてもらっています。僕はどっちかと言うと、坊ちゃん育ちなんで、悪っぽいフリをしてチャラチャラやっていましたけど。天野さんは筋金入りですからね。本籍地が違いますから。見てみたいという興味はありますね。

こう話しながら、田中はみそ汁をすすった。

「みそ汁、うまいね。うまい。やばい。止まらない。魚のアラやアサリが入っていて、ダシが利いている。お玉でよそうと、ガサッってアサリがいっぱい付いてくる。これだけでご飯が食べられる。さっきから、オレ、これで酒飲んでるもん。このみそ汁、本当にヤバイ。もう、6杯か7杯ぐらい飲んでるからね」

定食酒場食堂といえば「ナポリタンと酒」だが、「みそ汁と酒」という組み合わせもあるようだ。

2人目は、大山利栄さん。東京富士大学准教授。専門はイベント学。前のバイト店長の知り合い。天野と似た思考形態をもっていて、天野の思考パターンを考えるうえでも参考になる。定食酒場食堂をウェブメディアで見て興味を持った。その後、『おとなの週末』という雑誌をたまたま見ていて、同じ定食酒場食堂が出ていたので読んでみると、知り合いが店長として出ていた。はあと思い、店にある団体の理事長と妻と3人で行ったのが最初。17年夏ごろだ。それから通うようになった。以下は、本人談。

最初の日は、天野さんと4人で飲んでて、ウチのカミさん曰はく、「天野さんってパパ（大山）そっくりだよね」って言い出したんですよ。生い立ちとかね。もちろん、天野さんの方が苦労されたと思うんですけど。決してこう、子どもの頃からすくすくと育ったわけではなく、どっかこうひねくれた経緯をたどって、結果、実業家や作詞家としてもそれなりの結果を出した。そういうところも含めて、カミさんは私と似ていると思ったのでしょう。

一番共通しているのは、たぶん、自分が正しいことは正しいということ。自分を信用して動いている。周りの意見とかは、たぶんあの人は関係なくて、周りからどう見られているか、もちろん気にする部分もあるだろうけども、自分の正しいと思うことをやっている。だから、僕は天野さんと知り合って、あの人は名刺もないけども、多少は調べることができるわけじゃないですか。色々なことがあったことも含めて、少なくとも僕と対応している天野さんというのは、反目も毛嫌いもする必要がなくて、僕はそれなりに認めているので、今の関係があるという感じだと思います。

初日からディープな話をしましたよ。だから、決してプラスでないところも曝け出して話し合えるのも、やっぱり似ているんだと思うんですよ。学校からは言うなと言われてますけど、僕は大学中退なので経歴的には高卒なんですよ。高卒でも大学の先生にはなれる。普通にやっていてはなれないけど、頑張って努力すればなりえます。べつに私は努力もしてないですけど、一生懸命やればというか。

天野さんと共鳴し合ったところですか？　向こうが僕にシンパシーを感じているかはわからないですよ。僕が勝手に天野さんのことを認めているだけかもしれないですけども。やっぱり、自分に自信があるんでしょうね。そうじゃなかったら、あの商売はやらないですよね、きっと。

どこかに自分なりの勝算があるから、このやり方でお店をやろうと決めて、決めるまでは誰でもできるんですけど、それをちゃんと実現して継続できているというのは、すごいなとしか言いようがないですよね。

前の経歴からすると、たぶん何百円の世界で生きてないわけじゃないですか。でも今は288円の世界でちゃんとお店を経営して回している。ファンもついている。これはやっぱり自信がないとできないことだと思いますよ。色々な意味で、自分に対してもそうだし、自分が考えたシステムに対してもそうですけど。

288円定食を100食売っても3万円いかないですよ。夜で儲けるにしても、3000円って上限を決めちゃっているじゃないですか。そのどこに勝算を見出しているのか。だから、今やっている商売が天野さんの終わりじゃないとは感じているんですよ。たぶん、何かあるなと。たぶん、288円の先に何かを見ているんです。僕はそれが知りたかったですけどね。

半分酔っぱらって、「天野さん、このシステム、ある程度上手くいったら売ろうと思ってるんでしょ」って言ったことはあるんです。システムそのものを確立して、売るんじゃないかなと思っていた。最初は。でもきっと何か先を見ているような気がします。その何かあるけどわからないというところが、彼の魅力でもある気がしますね。

天野さんはこれまで自分でシステム作って売って、結果、色々な形で叩かれているじゃないですか。もちろん、叩かれたからどうこうとはまったく思ってないですけど、これまでの天野さんが生み出してきた様々なノウハウには興味ありますね。珍しいですよ、僕が年下の人にこんなに興味をもっているというのは。学年でいうと2つ下ですかね。

自分が正しいというのは、逆に言えば、人をあまり信用していないところがあるということでしょうね。もしかしたらね、天野さんはね、騙されたケースの方が多いんじゃないですか。しかも、子どもの頃から。大人になってからの経験は、例えば、何回裏切られてもそんなたいして影響しないと思うんですよ。子どもの頃に作られるから、そういうのって。

最初会った時に、中卒で就職しなかったという話を聞いたんですけども、そのあたりから、たぶん大人のことを信用していないでしょうね。就職をしようと思ったけども、できなかった。できるわけがないですよね、普通に考えてね。当時は偏見も強かったでしょうしね。それが、成長する中で徐々に周りを信用しないことに繋がっていったのかもしれません。その過程で、どこか自分の力しか信用しなくなって、その結果、色々なことが起きているような気がします。

それにしても、天野さんは就職ができなくても凹まなかった。ポジティブなところは生まれもったものじゃないですかね、きっと。でも天野さんには「頑張ろう!」という変なポジティブさはないですよね。普通にポジティブ。ダメだったらしょうがないみたいなところがいいんだと思います。それでいて、ある種の覚悟をもって色々なことを進めているじゃないですかね。

塀の中に入っている人って、おそらくレベルが高い人は少ないので、反面教師として捉えたんじゃないですかね。少年ですから、似たような世代を見て、自分の方がレベル高いなと思ったんじゃないですか。

自分を信じ切っている。ブレない。だから、世の中の尺度とは別に、自分のルールで動けるんですよ、きっと。僕らはやっぱり人の目を気にしちゃうんで。自分の尺度で動いているから、周りに集まってくる人たちは、自分の尺度に共鳴する人か、あるいは興味をもつ人か。僕は興味をもった。もちろん、共鳴する部分もあります。そういう意味では、すげえなと思う1人ではありますね。

半分、宗教的な感覚でファンがついているような気がしますよ。書き物だと、よくカリスマとか書かれると思いますけど、ある人たちにとっては、確かにある種のカリスマなんですよ。ただ、文字にできないカリスマってあんまり信用できないですよね。ただの雰囲気じゃないですか。でも天野さんの場合、生い立ちがそれを裏付けている。

結局、経験じゃないですか。失敗した経験。失敗した経験があるから、こうすると失敗するよとわかる。イベントって結局、みんながやっていることをやっていたら評価されない。初めてとかが多いから、誰もやったことがない。やったことがないことは誰も想像できない。そうするとリスクが大きくなり、リスクマネジメントの連続なので、リスクをどこまで想定できるかが成功のカギになる。人より何回も穴に落ちた経験があれば、ここ穴があるから気をつけなと言えるでしょ。そういうことです。失敗の経験の積み重ね。そこらへんが天野さんと共通するところかもしれませんね。

　288円定食を売っている人が、親と飯食えない人にタダでご飯を提供できるはずがないですよね。そこはある種の信念というかポリシーがあって、どこかカネじゃないということなんでしょう。覚悟以外のなにものでもないですよ。毎日100人子どもが来たらやってらんないですよ。でも、やってみようと思ってやっているはずなんで。

　僕自身は、天野さんにすごいブラックな将来を見つめていてほしいと思っています。定食酒場食堂のシステムをビジネスモデルとして確立して、すげえ儲かる仕組みを作って外国商人に売っぱらうとか。そっちのほうが天野さんらしいなと思うんですよ。

　ただ、天野さんは過去にビジネスが上手くいって、それなりの結果を手にしているから、「もう（カネは）いいんだよ」と言うと思います。実際にそんな会話もしたことがあるんですけど、それはねえ、なんかウソつけとどっかで思っていて。別に金儲けっていうんじゃないにしても、もっと上のビジョンを持っていてほしいですね。悪になれってことではなくて、でも今の段階で綺麗ごとを言っているような気がするので、どこかでもう一枚裏があってほしいし、あるんだと思います。

　だって、あのような人生を歩んできた人が、本当に綺麗ごとで終わらせるんですかって、思いませんか。さらにその先があるでしょう、みたいな。それが何なのかはわからないですよ。本当は誰にも言ってないことがあるんじゅないですか、ってことですよ。なんかどこかで、集金のシステムを考えているんじゃないかと思いますけどね。だったら、僕も一枚咬みたいなと思っています。

3人目は、古川勇二さん。工学博士。東京都立大学など4つの大学の名誉教授。旧店舗近くのタワーマンションに自宅がある。定食酒場食堂の応援者の1人。15年の9月ごろ、288円という価格に興味をもって旧店舗に来店している、以下、本人語り。

しばらくして天野さんと話をするようになって、「僕、向かいに住んでますよ」みたいな話をしたわけです。それで、しばらく話しているうちに、彼の人となりというか、お父さんもお母さんもわからなくて施設で育った、そういう生い立ちを知って。で、1年ぐらい経ってからかな、北海道にお姉さんがいて、その頃、初めてお姉さんと会われたみたいですね。それで、今は親しくされているんじゃないですか。お姉さんとはお店で2、3回、お会いしました。

家庭がなく苦労して育ったとおっしゃっていましたけど、お2人ともそういう苦労はされているんでしょうが、そういうものがあまり体に残っているような感じがしないじゃないですか。ごく普通の方だなと思っていたんですよ。

そうこうするうちに、天野さんから、「本を書いたので読んでみてください」と言われて本(『ゼロポイント』）をいただいたんです。読んで、なかなか面白い視点で書いてあるなと思いました。その本はお返ししています。もらっていいと言われましたけど、汚さないように読んだ記憶があります。

天野さんと本の話になって、「中学卒業してずっと働いているのに、よくちゃんとした文章が書けるね」という話題になった。そうしたら、「小学校の時に、学校にある図書館の本はとにかくすべて読んだ」とおっしゃっていて、大したもんだと思いましたね。

いろいろ話をしていると、まず、きちんとした文章が書けて、かつ字がうまい。お店にお品書きがいろいろ書いてありますけど、あれもご自分で書かれている。なかなかの美筆というか達筆というか、綺麗な字を書かれる。それで、わたしは天野さんご自身に対して関心を持ったわけです。

僕自身はたいしたことはないけど、一般的に言えばエリートでありますからね。だから、エリートとして社会に出て、大学の教員や学長をやっている。そういう立場と、彼のように親もいなくて施設で育って、本をずっと読んできて、それなりにきちんとした考えと教養があるというのは、まったく違うわけですね。面白いなと思って、お付き合いをするようになったということです。

天野さんは、たぶん地頭がいい人なんだと思うね。息子さんを見ていてもね、誰かがきちんと勉強を教えるということはしていないと思うんだけど、自分が自分で興味あることを覚えようとしているからね。お父さんは今の息子さんよりもずっと淋しくて貧しい場所にいただろうし、その中で頭が発達しているから、小学校の図書館の本を全部読んだとかね。たぶん、人との付き合いはあまりできなかったんじゃないですかね。だから本に向かっていったと思います。

天野さんの本を読んでわかると思いますけど、はっきり言って、自己主張が強いよね。言い切るし、それを書き切る。あれだけの自己主張を、普通の人は書けないですよね。

よくはわからないけども、ひと頃はカネ回りが良くて2000万円とか、3000万円もするスポーツカーに乗ったりしていたことがあるわけでしょ。何をしていたか正確にはわからないですけど、六本木や赤坂あたりの店を切り盛りしたりしてね。それがなぜダメになったかは知らないですよ。そういう経歴があって、お金を使って豊かな生活をするということを経験してきていて、この先も同じことをやっていってもいいかということをだいぶ考えたんじゃないですかね。

それよりも、本人は一生やると言ってますが、これだってわかりませんよ。食べ物屋をやって、一般的な貧しいサラリーマンが喜びを感じられるような店を全国展開していく方を選んだ。それに加えて、不幸な子どもたちにも同じ料理を提供できればいいということを選んだ。そう説明されて、世間の人はたぶん、100％信じられないでしょうね。あの格好と、あの顔つきで、そんなことを言われても、「嘘だろう」って思うじゃないですか。ところが実際に、本当にやっているというところが、素晴らしいよね。そこは僕が見込みを立てた通りで、朝早く起きて夜遅くまでやっていて。1日1食しか食べないでね。ビールは飲むんだろうけどね。

お金儲けをして、お金を儲けて、お金がいっぱいある生活は一通りしてきたんだと思う。それ以外の自分に足らなかった部分をこれからやろうとしているのではないですか。たぶん、そうじゃないですか。自分が小中学校の頃、親もいないハンディキャップの中で貧しい苦しい生活をしてきた。そのことを思い出して、第一段階としては、世間への反発として、金儲けをできるだけして豊かな生活をする。それを目標にして頑張ってきて、それが潰れたのか潰したのか、どういう結末があったのかは知りませんが、金儲けをして豊かな生活をしたのは事実ですよね。だけども、結果的に何かの契機で、そうした金儲けだけの生活は辞めた。

第二段階としてこれからは、288円定食に象徴されるように、地道に自分の努力でやってみて、社会に訴えられればいいという道を選んだ。一店舗で半径500メートル圏内の人が集まってくれるような安い店を作って、地域の人々が集う場所になってくれればいいというコンセプトで、同じような店を100店舗作りたいと本人は言っている。北海道のほかに、大阪、川崎など、いくつか具体化していきそうじゃないですか。今年中に4、5店舗までいくかもしれない。ああいう形で安い値段で運営できれば、結構、お客は来るんじゃないですかね。

金儲けだけをして派手に振舞っていた頃を第一ステージとすれば、「定食酒場食堂」はまさに第二ステージだと思いますよ。第一ステージで何をしていたかは存じ上げませんけども、想定はつきますよ。子ども時代の貧しさというものがあって、そこから逸脱するために人生を歩んできた。だけど、そればかりいくら追い求めても、自分が自己満足できるようなものはなかなか見つからなかったと思う。そういうふうな所に行き着いて、だったらもうこれからは人に多額のお金を頼ることなく、最低限でいいから食材費程度を出してもらって、儲けは少なくても自分の努力でやってみたいと考えたんじゃないか。もしそうなら、そういう精神は素晴らしいと思うんだよ。

彼がどういう人物かっていうのを説明するのは、たぶん難しいよね。親がいなくて、貧しい小中学校生活を終えて、働き始めて、自分の第一段階の願望は終えられた。彼は本を読むのが好きだから、たくさん本を読んで、それを自分の言葉として使い込む。作案、作文を自己流に学んできて、それを実際に行っている。

しかも、店に貼ってある字を見ていただければわかるけれども、誤字はないし、字はきちんと書ける。そこまでの教養も収めているわけです。僕なんか大学で学生をずっと教えてきたけども、その辺にいる一般の大学生よりは、彼の方がもちろん社会経験としてずっと多いし、教養としてもありますよ。もちろん、偏っている部分はありますよ。だけども、今そういう半生を終えてきて、50歳になるのかな、これからまた、30年、40年と長い期間にわたって第二の人生として「定食酒場食堂」をやっていきたいと。

食べ物屋のノウハウをどこで学んだのかはわかりませんが、彼の食べ物屋の理想っていうのがあるわけですよ。彼の食べ物のイメージっていうのは、決して高級なものは出さないけども、お客さんが「いい味だ」と。「いい味」というのは、味付けだけじゃなしに、食材のもともとの味もわかるっていうことね。そういう風に考えているから、あそこの調味料を見ていただければわかると思うけど、彼自身が独自に作っている調味料も使って、すべて工夫しているわけですよ。一般的に言う、「味の素」のようなものを使ってるわけじゃないんですね。

その辺のこだわりがちゃんとある中で、今のメニュー開発をやってきて、しかも具体的に安く提供するにはどうしたらいいかを考えている。食材の仕入れは、できるだけ近場の肉屋さん、魚屋さん、八百屋さんと仲良くして、安く供給してもらえるような態勢を整えて。そうすると、そういう供給があって、自分が調理師になって、お客さんが安いからって来て下さる。また安く仕入れるというような、ぐるぐる回る仕組みを作っていることが素晴らしいよね。そのノウハウはあるんでしょうけど、詳しいことはわかりませんけどね。そういうノウハウを基にして全国展開していきたいという彼の夢は、まあ、いけるんじゃないかと思いますね。

僕が一番心配しているのは、彼の健康ですよ。ひと月通して、土日もほとんど休まないで1人でやっているでしょ。彼（天野）自身が本当のところでは人を信用できないというのはあるのかもしれません。要するに今まで信用して物事をやってきたことは一切ないし、生まれてこのかたずっとそういう環境にいたよというのが、まさに身には染みているのかもしれませんね。

人を信用しないのを身に染みてやるのはいいけれども、だからといって1人でやれるってわけじゃないからな。そこが一番、心配なんだよ。やっぱり、今は1人でやってるけどさ、もたないよね。だから、仮に100店舗まで全国展開できれば、店舗代（のれん代）が入ってくるようになればね、安泰な生活が保証されると思うけどさ。そこまで体もつかどうかですよね。

彼自身が言っているのは、調理方法は誰が見ても同じように見えるけども、自分の独自性がありますと。それはそうだと思いますよ。大した腕は必要じゃないかもしれないが、ここはこういうふうにやるというやり方をわかっていて、そうすれば、人を減らせるし、たくさんの供給ができるというノウハウは持っているわけですよ。ただ、ただ、そのノウハウは彼独自のものであって、そうじゃないところで店を増やしていくと、似たようなものがたくさんできるからね。類似の店ができてしまうと、彼のところの店の本当の特徴は何か、なかなか見えなくなる可能性はあるでしょうね。

新しい店ができて、その店が上手くいくかいかないかはそこの店主のやること。ノウハウとしては、店主が自分で買い出しをし、調理をし、サービスをする。この3つのことを全部わかっている店主でないと定食酒場食堂はやっていけないよということなんですよね。そういう基本的なことは、わかったうえで店主になるわけだけど、問題はやっぱり、それらをどう実行していくかだよね。天野さんが今良くできているのは、この地域の肉屋とか八百屋とかの仕入れ先と非常に親しくしているし、近所の酒屋で酒を買ったりしている。お客さんとも仲良くできる。近隣の住民に対しても、クレームが来てもきちんと対処している、とかね。新しい店主が同じやり方をやって、できるかどうか。これは個人個人の問題になるから、違ってくると思いますね。

経営者がもてる責任の範囲を教えたうえで、店主の個人個人が上手くやっていければ、日本の飲食チェーンの姿も変わってゆく可能性も無きにしも非ずだよね。今の飲食チェーンは、各店舗がまったく同じやり方で、マニュアル通りにやればいいという形だけど、それを変えてゆく可能性はある。どうかな。もうちょっと状況を見てみないと、本当にうまくいくかはわからないと僕は思うけどね。

だから本人は今、踏ん張りどころだと思っているから、朝から夜中まで働いてしまうんだろうね。朝から夜中まで働くにしても、もっと楽な仕事はあるんだと思うんだよ。だから、なんだろうなあ。もっと社会改革をしたいと。もっと自分の若い時の軋轢の経験からすると、食べ物の分野で地域の貧しい人たちも含めて社会改革をしたい。こういう思いはあるんだと思うね。その思いでどこまでできるかっていうことだよね。今は、この地域では成功しているわけだけど、他の地域に伸ばしていって、どこまでできるかだね。

あそこに来ているお客さんとたまに話をするけども、みなさんそれなりに満足しているんだよね。お客さん同士が近いから、アットホームに感じられるし、そういうことを求めている人たちが多いんだよね。あるいは、大学の先生とかその奥さんとか、一定のレベルの人たちもいてね。そういう意味では、ああいう店が好きな客層はいるんだなということが検証されたよね。安さだけじゃ、知識人や富裕層は来ないからね。

でも、お金があまりない人たちは助かるよね。そういう意味では、定食酒場食堂は今の日本の社会構造の中で、どう位置付けられるか考えてみたら、面白いかもしれないね。日本で貧富の差が大きくなり、独身男女が増えて、あまりお金を使いたくない独身者が1週間のうち2、3日、自分の食を満たして、なおかつ出会いがあり、世間の知らない人とも酒を飲みながら楽しく意見交換ができる。そういう場をもっている店が、日本の何を変えられるかということでしょう。

もしかしたら、日本の格差や貧困問題、少子化、孤独など解決するかもしれない。何だかわからないけども、食を基にした新しいビジネスの芽が出てきていると。もし定食酒場食堂がそういうビジネス展開をすることができれば、化ける可能性は十分あるよね。中国、韓国、ASEANもそうだし、欧米社会もそうだし、IT革命の影響で貧富の差が拡大している中、年収300万円以下の人たち、未婚の30代40代が、遊ぶ時間もない中で行き場もない。そういう人たちに週に2、3日ぐらい、3000円を出せば夜ご飯を兼ねた居場所があるんだよということだよね。そういうビジネスモデルがあるとして、その先にどういう展開があるかだよね。

食べものを結束点とした「日本社会の底上げモデル」。まさに社会改革。そういう感じが僕もするんだよね。じゃないと、あんなに人が集まらないはずなんですよ。定食酒場食堂には、次の時代に向けてのヒントがある感じがするね。時代が変わっていく中で、貧しい部分からの改革の源泉であると。まさに社会改革なんだと言えれば、定食酒場食堂はもっと注目されるはずだと思うな。

3人の見立ては、以上である。

ここから再び天野の前に立ち戻ろう。もちろん、3人の見立ては勝手な想像も多く含まれている。認識の違いもあるだろう。語られている天野本人からすれば、「無責任な放言」と感じてもおかしくない。もしかすると、耐え難い発言もあったかもしれない。しかし、3人に斜に構えたところは一切なく、その口調からは、心の底から定食酒場食堂を応援したいという思いが端々に感じられた。わたし自身、3人の話を聞きながら、所々で自分の感じ方に触れる部分があり、共感できる面も少なくなかった。以下は、3人の話を元に、わたし自身の関心と責任で、改めて天野に聞いたものだ。

まずは、「今の商売が終わりじゃないはず」という見立てについて。それは、定食酒場食堂の店舗を増やしていくということではなく、食堂という業態の先にあるもの、天野が食堂（288円）という商売の先に見据えているものだ。この点を改めて質問した。

「要は、食堂で終わるんですか？　っていうことなんですけど」

「僕が？」

「はい」

「たぶん、そうなるでしょ」

「じゃあ、あそこに書かれている通り？　（『この世のおわりまで　このかかくでやってやる288円』）」

「はい」

「あれが、天野さんのポリシー」

「はい。やりますよ」

「そういう理解でいいですね」

「一生やっていきますよ。死ぬまで僕はこの食堂をやっていく」

「わかりました」

ただ、天野はこう補足するのを忘れなかった。

「ほかにレストランや焼き鳥屋をやってるかもしれないですよ。洒落たバーをやってるかもしれない。でも僕の居場所はここ。288円が僕の居場所だということです」

次に、表と裏の使い分け。裏では「ブラックな将来」を見つめているのではないか、という推論について。

「『ブラックな将来を見てほしい』という期待もあります」

「まったく考えてませんね」

「定食酒場食堂を売るということも…」

「ないですね」

「一生ない？」

数秒の沈黙の後、天野はこう答えた。

「売るなら、この1店舗（本店）で5億だね。そこまでのブランドイメージを作ったんです。買う人はいないでしょうけど」。

次は、格差社会、少子化、若者の孤独に対する定食酒場食堂の貢献について。30代40代の独身者が定食酒場食堂に来て、安く食事ができ、お腹も心も満たされることが一種の社会革命につながる可能性があるという見方について、天野の意見を聞いた。

「それは世間の評価なんじゃないですか。または、僕以外の第三者の評価ですよ。僕は、お客さんが1人で来て、相席をとり持っているでしょ。『この人、誰々さんね』とか、『こっちの席に来なよ』って。お客さん同士をコーディネートする。それは意識してやってます。だって、みんな、ここにおにぎりが出ていて、『どうぞ』と言っても、食わない。おにぎりを取ってあげて、口元までもっていってあげないと食わない人ばっかりなの。食えやいいじゃんって。今はそういう時代ですよ。ワンルームが増えている。だから、最初のコーディネートだけはちょっとやってあげてます。それをどう評価するかは第三者。うちのコミュニティーは限られてはいるけどね。ただ、この店に来た以上は、みんなで食べてほしいと思っているから」

以上を踏まえたうえで、定食酒場食堂の関係者たちを取材したわたしの結論も記しておこう。

天野は自著『ゼロポイント』で「日本人の食卓」について書いている。

かつての日本の食卓はどこへ消えたのか？　昔は、お父さん、お母さん、子供と家族そろっての食卓は毎日存在したはずだ。しかし高度経済成長で父親不在の食卓になったのも間違いない。今は一年で家族みんな揃っての食事って何回あるのだろうか？　たぶん数えるくらいしかない人の方が多いだろう。僕たちは経済成長のために家族の時間を失ってしまったのだ。
だから僕は、僕のお店で家庭の食卓のようにみんながご飯をゆっくり味わってもらいたい。『定食酒場食堂』はオーダーで頼まれたモノは時間がかかっても必ず出す。お客様がゆっくりとご飯食できるようにお構いはしない。まるで自分の家の食卓で食べているように思ってもらいたいからだ。

これは、ふだんは全体重を乗せて文章を書く天野にしては、めずらしく体重が乗っていない文章である。この文章を、天野はどういう気持ちで書いたのかを想像してみる。思うに、天野は自分の子供が生まれる前、家庭で楽しく食事をするという経験をしてきていないはずだ。おそらく、天野にとって「お父さん、お母さん、子供と家族そろっての食卓」とは、その意味することさえイメージすることが難しかったのではないか。少なくとも、ある時期まではそうだったはずである。

「必要なモノは何でも手に入れてきた。欲しいものも自由に選択し、手にしてきた。しかし、愛だけは、欲しくても手には入らない」

「親なし家庭なしの養護施設育ちの僕に一番苦手なものは、愛に対しての受け止め方と表現力だ」

別のところで天野はこうも書いている。

もちろん、程度の差こそあれ、似たような境遇を経験している人はあまたいるだろう。しかし、そうした境遇の人々と天野が決定的に異質であるのは、つねに天野が挑戦者であり続けていることだ。天野は逃げなかった。

天野は、自分がシングルファーザーとして子育てをする中で、それまで自分の最も苦手として背を向けてきた「愛」に対して、初めて正面から真剣に向き合おうとした。１８０度の転回である。それは同時に、「お父さん、お母さん、子供と家族そろっての食卓」が何であるかを知ることを意味した。

もともと天野には、かなり早い段階から、人とは違った「食」に関する特別な意識が芽生えていた。

「30年ぐらい前じゃないですかね。最終的にはそこ（食）でしょうと。たくさん食べたいというのは養護施設のころからあったし、食がすべての前提という意味では、小学生のころからです。それは、おいしいからもっと食べたいというレベルじゃなくて、腹が減り過ぎて。食が前提にないと何も始まらない。そういうことを意識するのはたぶん、人一倍強かったと思います」

天野はわたしの取材にこう話している。

人一倍感覚の鋭い天野であれば、「お父さん、お母さん、子供と家族そろっての食卓」という家族のありふれた、しかしかけがえのない時間が「愛」そのものであることに気づくのは、時間の問題だったろう。その結果、天野は1つの確信を得た。

自分の本当にやりたかったことは、これではないのか――。

「愛」に対する表現力が苦手だった天野だが、「愛」のイメージを徐々につかまえると、次にそのイメージを具体的な「愛」の形として表現してみたい衝動にかられた。「愛」の形象化、それが定食酒場食堂だった。定食酒場食堂とは、すなわち「愛」の化身である。

「僕はコミュニケーションも昭和な店を作りたかった。内装が昭和なお店はたくさんあるが、人と人、心と心のつながりを大切にするお店を作りたかった」

前出の本の中で天野はこう書いている。

「愛」の形象化が定食酒場食堂である以上、「人と人、心と心のつながりを大切にするお店」であるのは当然だった。そうでなければならなかった。

定食酒場食堂は、これまで天野がどれだけの大金を稼いでも手に入れることができなかった「愛」の創出である。だからこそ天野は、みんなが家族のように楽しく食事ができて、ゆっくくりくつろげ、明日また頑張ろうと思えるような「場」を提供したいのだ。それは、他の何物とも代えがたい家族という安心を得られる場所である。

かつて天野に家族観を聞いたことがある。話のきっかけは、男女の恋愛感情と家族感情との違いはどこか、ということだった。以下はそのやりとり。


「恋愛との違いは？」

「家族っていうのは、恋愛感情を超えてるでしょ」

「よく、無償の愛とかいわれますけど」

「有償の愛かどうかはわからない。すべてにおいて有償の愛かもしれないし」

「どんなイメージですか？」

「いつも一緒にいる人。離れていても、繋がっている人。または、家族じゃなくても、家族以上の人はいるでしょうし」

「それは、ご自身が家族をもつ以前のイメージとは違うものだった？」

「いや、一緒ですよ」

「価値としては、天野さんの中では上位にある？」

「家族に価値はないでしょ」

「ということは、意識しないもの？　そこに自然にあるもの？」

「家族ですよって、意識するレベルでもないでしょ。家族なんだから。親なんだから。子供なんだから。いちいち意識する必要性はないんじゃないですか」

「本の中で『安心』という言葉を使ってますよね？　いるだけで安心できる？」

「当たり前だと思います」

「定食酒場食堂という場も、『安心』というのがキーワードになる？」

「そう思っていますよ。お客さんが安心して飲んで食べられる。鎧を脱いで……」

「鎧？」

「鎧を着ている人は僕、やっつけるじゃないですか。『何やってんの？』って。ここ（定食酒場食堂）に来て仕事の話ばっかして。ここに来てまで『ベンツ何台持って、会社何社やってて』とか自慢話して。『ここ食堂だよ。ファミレス行ったら』って」

「そういうことですね」

定食酒場食堂という「場」が、そこにいるだけで安らげる家族の安心ということを強く意識した店であることがわかる。

しかし、それだけではない。天野が天才的だと思えるのは、そうした「場」とビジネスを見事にリンクさせたことだ。

「お客様は、景気が悪くても、そのお店が楽しければ無理してでも来る。場を創るとは、楽しさを創ること。常にそこへ行けば、『楽しいから』お客様は来る。

商売で何をするか、どのようにするかという手段を先行させるより、『どんな楽しい空間を創るか』を考えた方がいい。人が集まる空間を創造するのだ。場とは、その空間のことである」（『それでいいのか、サラリーマン』より）

だから、定食酒場食堂は、単なる疑似家族ではない。天野という特異な才能をもった人間がいなければ決して生まれなかった、ある種の新しい共同体といってよい。言い換えれば、外形的には食堂というビジネス形態をとっているが、これからの時代にふさわしい一種の生活共同体、コミューンのようなもの。天野はその原型を創作し、それを押し広げていきたいのだ。そして押し広げた先に、天野が見据えているのは、「家族の時間」が崩壊し、飲食業界が衰退しつつある中で、従来の家族概念そのもの、ビジネスとしての飲食業の常識そのものが転倒されるような新しい地平ではないか、とわたしは思うのである。

いろいろと屁理屈を書き連ねてきたが、わたしの目から見た定食酒場食堂の究極のイメージは、上記に尽きている。

終章

日本の心を
お腹いっぱいに

さて、いよいよ最終章だ。

最後に、とっておきの秘話を書きとめておこう。これまで天野本人をはじめ、定食酒場食堂の取引先や常連客から集めたさまざまな感想や意見を紹介してきた。わたしの卑見も披露した。しかし、以下に紹介するのは、その体験の質において、ずば抜けた説得性を持っている。現時点で、掛け値なしに、定食酒場食堂という「場」が生んだ最高のエピソードだと断言しよう。

主人公は、治安当局に勤務する40代男性。自宅のある中部地方から東京都内に単身赴任中の17年10月、奥様が子どもの目の前で自殺している。デリケートな話題なので、本名は伏せ、以下、加藤さん（仮名）としよう。

加藤さんは17年8月23日に初来店。旧店舗が閉店する最終週だ。それ以前から、店の存在は知っていた。印象に残っているのは、店から大量に煙がモヤモヤと立ち上る光景だ。実際は七輪焼きの煙だが、まるで火事場のようだったという。いつも人がいっぱいで、同僚と店の前を通りかかると「入れないね」という話をした記憶がある。

その日の夕方、たまたま上司と2人で荒木町に向かった。普段はワイワイガヤガヤした居酒屋で飲んでいたが、この日は「こじんまりとした店にしようか」などと話していた。通りすがり、モクモクと煙が上がる旧店舗を見ると、入口近くの席が空いているのに気づく。「ちょっと入ってみようか」。予定を変更して、定食酒場食堂に入った。

席に座り、お品書きを見て、まず目に飛び込んで来たのは「バナナ0円」。「え？　ちょっと待てよ」。2人で顔を見合わせた。スタッフらしき男に「『バナナ0円』って、本当?」と聞くと、即座に「ウソ書いてどうするよ!」と怒られた。「流しの松ちゃん」こと松尾だった。「今日飲むなら、その前にバナナ食えよ」と言われ、言われるままに食べた。その前にビールを注文していたが、待てど暮らせど、来ない。しばらく経って、やっとビールに辿り着けた。

お品書きを見回して、ジンギスカンを頼むと、「だめだよ、ジンギスカンから頼んじゃ」と松尾。「えっ? え〜!?」。何が何だかわからない。「じゃあ、何から頼めばいいんですか?‥?‥?」「炭の量があるんだよ」。松尾によると、最初に鉄串の鶏肉焼き、豚肉焼き、その後に網を敷いて魚介類、最後にジンギスカンだという。「じゃないと、炭を足したり引いたりするの、めんどくせえだろ!」。こんな感じだった。仕方なく、「じゃあ、お任せでお願いします」。

七輪で鶏肉を焼いていた時だった。1人の男性、加藤さんの言葉を借りれば「帽子を被った汚らしいおっさん」が席に近寄ってきて、黙って鶏肉をひっくり返し始めた。「え!?」。厨房に入っていた人ではなく、ずっと奥の方で座っていた人だった。鶏肉をひっくり返すと、無言で立ち去った。「誰、この人?」。これが、天野とのファーストコンタクトだった。

次々に出される焼き物を平らげ、満腹になった。そろそろ帰ろうとしていた時、突然、照明が落ち、奥からケーキらしきものが出てきた。店の客のほぼ全員が、ハッピーバースデーを歌い始めた。「なんなんだ、この店は?‥?‥?」。振る舞われたケーキを頂いた後、帰るに帰れず、しばらく店の雰囲気にのみ込まれていた。ふと見ると、「9月1日、リニューアルオープン」

という張り紙が目にとまった。結局、その日は何も理解できないまま、店を出た。

その後、張り紙にあった「リニューアルオープン」のことを思い出し、9月1日前後の日曜日の昼間、アイフォン片手に新店舗を探してみた。旧店舗は汚かったものの、一応はデザイナーズマンション。同じような建物をイメージして、道路を歩いた。だが、なぜか見つからない。

「おかしいな、おかしいなと思って歩いてて。そしたら結局、今の店の前を3回も通り過ぎていました。当時は、店頭に派手な看板もあまりなかったんで。見つけた時は、『こ、これ!?』って感じで。リニューアルじゃないじゃん、みたいな。むしろ、古くなってるし」

場所がわかったので、9月に入って職場の仲間と何回か来店した。最初はずっと2階に案内されていた。その後も週に何度か、同じ職場の数人で来店し、2階で飲み食いすることが続いた。自然に、「流しの松ちゃん」こと松尾と仲良くなり、ライブにも行くようになった。いつしか、1階に案内されるようになっていた。

そして、10月13日。妻が自ら命を絶つ。遺書もなく、突然だった。何が起きたのか、事情がうまくのみ込めない。上司に報告し、急いで中部地方の自宅に向かった。

「嫁さんが自殺したんです。お葬式とか、一通りの色々な手続きが終わって（東京に）帰ってきてからですから、10月末ですね。1人で店に来たんですよ。1人で来て、なんかわかんないですけど、天野さんが『久しぶり』って言って、1階の席に案内されたんです。べつに何もしゃべってなかったんですけど……、天野さんが………」

　ここまで話したところで、突然、加藤さんの表情が歪んだ。目は赤く、大粒の涙が浮かんでいる。嗚咽してしまうのを必死に耐えているのがわかった。当時の出来事が加藤さんの中で鮮明によみがえっているのは明らかだった。高ぶる感情が邪魔をしているのだろう、加藤さん本人は話し続けようとするが、身体が付いてゆかず、口から発する言葉は途切れ途切れになる。わたしは、断片的にしか出てこない言葉を拾った。

「天野さんが……。『なんかあった？』って……。声を…掛……てくれて。……で、『じつは』って話に…。なって。そ……の時に、嫁さんの……ことを」

　その日、加藤さんは妻のことを洗いざらい話した。天野は加藤さんの話を真剣に聞いてくれたという。それ以前は、加藤さんと天野は互いに面識はあったが、特に話すこともなく、親しいと言える関係ではなかった。天野もわたしの取材に「あんまり、しゃべったことはなかった」と話している。その日、天野は店に来た加藤の表情や様子を見て、どこかいつもと違うのを感じ、心配して声をかけたようだ。

　加藤さんと天野は、定食酒場食堂が閉店後、２人で毎日のように近くのスナックに行った。記憶は定かではないが、加藤さんが妻のことを打ち明けたその日から、少なくとも1週間は、毎日行った。日付が変わるころから、連日連夜である。誘うのは、いつも天野の方だ。その後も週に３、４日、定食酒場食堂に来て酒を飲み、閉店後は天野とスナックという日が続いた。

定食酒場食堂では、2人は特別な会話をするわけではない。2人で向かい合って、ただ黙々とビールを飲み続け、ウォッカを飲み続けたという。事情を知らない人が傍から見れば、奇妙な光景に映ったかもしれない。

スナックでも、互いに饒舌になることはなかった。だが、天野と色々な話をするうち、加藤さんは自分が意外にも天野と境遇が似ていることに気づく。

「スナックでは、天野さんは自分の生い立ちとか子供の話をしてくれて。『自分は双子の子供を2人亡くしている。誕生日が3月11日で、死亡届も3月11日』と。私は最初の娘を産まれる前に亡くしているんですが、天野さんも娘さんを亡くしているんです。自分の子供が亡くなるっていうことが、どういうことかを互いにわかっている。『そこ、似てるよね』という話になって。天野さんは離婚されて、小学生（取材当時）の息子さんがいるじゃないですか。私も小学生の子供が1人いて。そういう重なる部分がいくつかあって、あまりじゃべらなくても、という所もあるんです。話が終って、カラオケやって、ずっと夜中の2時3時まで。不思議と気が合ったんでしょうね」

「気が合う」ということを言葉で説明するのは難しい。実感したり、肌で感じたりするものだからだ。しかし、わたしは加藤さんと天野とが共鳴し合った根っこの部分を知りたいと思った。すると加藤さんは、こんなことを話してくれた。

「いざとなったら人を殺す人と、一歩間違えば殺した人、みたいな。そういう面で、気持ちが通じちゃうところがありますね。まあ、表の道を走ってきた人と、裏の道を走ってきた人と、全然違いますけど」

加藤さんは笑っていたが、口調は真面目だった。もちろん半分は比喩だが、もう半分はある種の真実を語っている。治安当局に勤務する加藤さんの職務内容は、日々、〈死〉と隣り合わせであることは言うまでもない。一方の天野の前半生もまた、〈死〉というものを人より意識せずにはいられなかったはずである。

言い方はかなり奇妙になるが、「殺人者同盟」とでも言おうか。その深層心理がどういうものであるか、ここで問う必要はないだろう。ただ言えるのは、わたしも含め、ぬるま湯につかり、それなりの生活を送っている圧倒的大多数の人々には、あずかり知らぬものであるということだけだ。

意外にも、加藤さんは妻の自殺を打ち明けて以後、天野さんに慰められたという感覚はないという。「あったのかなあ。本人に聞いてみます?」。だとすると、天野と一緒にいる時間とは、どんな時間だったのか。「戦友か、同志かって感じですかね。べつに、一緒にいて話さなくてもいいですし。天野さんとは6歳違いになると思いますけど、歳の差はぜんぜん意識しませんね」

スナック通いのころは、カラオケで1曲歌っては泣くことを繰り返した。

「今まで、自分が歌でそんなに慰められるとは思ってなかったです。でも、自分がそういう境遇になってみて、何気ない曲で、自分の気持ちを整理できるし、色々な思い出が出てきて泣いちゃうんです。何を歌っても、普段は染みない曲が泣けるんです。天野さんが歌う長渕剛の歌でまた泣いて。今でも、涙なくして歌えない曲は2、3曲ありますよ」

加藤さんが挙げたのは、ZARD（ザード）の「負けないで」と長渕剛の「祈り」。後者の「祈り」は、かつて交際していた女性が自殺し、ショックを受けた長渕が書いた楽曲とされる。「天女のようにお前は一人　空へ帰る」という幻想的な描写が印象的な曲だ。天野が「祈り」を歌うと、加藤は毎回、必ず泣いたという。

こうして2人の関係は次第に濃密なものになってゆく。

そして、18年4月15日。まったくの偶然だが、今度は天野に不幸が襲い掛かる。2人にとって、悲しい共通点がまた1つ、増えることになったのだ。その日、天野の姉の子供、天野の甥っ子にあたる人が自ら命を絶つ。突発的な出来事で、この点も加藤の妻の場合と共通していた。

翌16日の天野と加藤さんとのＬＩＮＥでのやりとりを以下、再現する（加藤さんと天野双方の了承を得て掲載。文面は一部修正）。

「きのう北海道の姉の子供甥っ子が自殺しました。あす朝一で北海道に飛びます」

「えっ。何があったんですか」

「わかんなんです」

「そうですよね。お姉さん、落ち込まれてますよね」

「今日来ますか」

「明日、名古屋から帰るんです」

「後を追いそうな悲しみです。水曜日は来ますか」

「行きます」

「悲しくて堪りません」

「わかります」

「猫ちゃんの死に、甥っ子の死」

「嫁の死に、愛犬の死」

「心が引き裂かれますよね」

「水曜日、とことん付き合わせてください」

「ありがとうございます」


じつは、加藤さんは妻の自殺の翌日、愛犬も失っている。10年以上生きたが、可愛がっていていた妻を追うように亡くなった。そして、天野もまた、18年3月に愛猫を亡くしている。20年飼った猫だった。ここでも加藤さんと天野との間に、何か不思議な因縁のようなものを感じないわけにはいかない。

天野は愛猫が死んだ当日、定食酒場食堂を急きょ臨時休業にした。開店3時間前に自身のフェイスブックで告知し、店頭には次のような手書きの張り紙をしている。「オーナー身内の不幸の為　本日のランチは休ませて頂きます　定食酒場食堂」。天野にとっては、どれほど深刻な事態だったのかがわかる。

甥っ子の自殺の約1カ月後、5月13日、加藤さんは北海道に天野の姉を訪ねている。

「甥っ子が自殺したんだと言われた時、わたしはこう言いました。『本人は目的を達成して満足かもしれないが、残された人は堪んないですよ』。それを聞いて天野さんから、姉のいる北海道まで行ってほしいと言われて。本当は嫌だったんです。何か言葉を掛けるとすると、自分の傷も掘り起こさないといけないじゃないですか。でも行ってきました。結局、残された人って、いろいろ背負っちゃうんですよ。でもそんなことは、自殺した本人は望んでないですよ。自分が苦しみから逃れたくて亡くなったけども、周りの人まで不幸を巻き込もうとはまったく思っていないんだよってことなんです。そういうことを天野さんのお姉さんにお話ししました」

じつは、加藤さんに取材をする前、わたしは加藤さんの職場の人から加藤さんについて少しだけ話を聞いていた。その時聞いたのは、妻の自殺後、周囲が気を使ってしばらく休んではどうかと提案したが、加藤さんは休まなかった。定食酒場食堂に通うようになって、元気を徐々に取り戻しているように映った、ということだった。

だが、実際の加藤さんの心境は、そんな単純ではなかった。

「もっと仕事を減らしてほしかったですよ。へっちゃらなフリをしていただけですから。この店で元気をもらったというのはあります。でも、人の心の傷というか、それは見えないじゃないですか。全治何カ月とかじゃない。自殺する人って、コップの水位がずっと上がってきて、溢れた時に自殺しちゃったりすると思うんですよ。人によって、コップが細かったり、太いんだけど小っちゃかったり、浅かったり、いろいろありますよね。で、心の傷を負った人は、今まで大きなコップだった人がキュウと細くなったり、すごい変わるんですよ。上司は私のことを今までの器だと思っているんです、きっと。一杯いっぱいだったのを、この店でストーンと水位が低くなったと。でも実際の私の器はキュっと細くなって、あとちょっとで溢れるところだったんです。この店に来ることによって、器から水が抜けていった。スナック行って、天野さんが一緒に泣いてくれることで、抜けていったんです」

当時を振り返って、加藤さんはこう続ける。

「職場の周りの人は『(妻が自殺した)家に帰れ』と言うんですよ。みんなが『帰らなくていいのか』って。気を使ってくれているのはわかりますよ。でも、嫌じゃないですか。嫁さんの遺品があるわけですよ。靴ひとつにしても。捨てるわけにもいかないでしょ。それを毎日見て暮らせと言うのかと。『お前ら、無神経か』と思うわけですよ。そうは言わないですけど。『ありがとうございます。大丈夫です』って。もしかするとそれが、『仕事、頑張ってるな』と思ってくれたのかもしれません。でも、そうじゃないんです。帰りたくないんです。娘と会ったって、2人だけになれば、そういう話になっちゃうし。娘だって、言いたくないこともあるでしょう。嫁さんの実家に行ったとしても、お父さんお母さんは『気を使わないでいいんだよ』と言って、わたしに気を使うわけですよ」

職場にも、自宅にも、妻の実家にも、加藤さんの居場所はなかった。こうした加藤さんの行き場のない境遇に、そっと手を差し伸べてくれたのが、定食酒場食堂であり、天野雅博という男だったのだ。

加藤さんの今の心境を聞こうと、「約7カ月経って、立ち直りましたか」という愚問をあえてしてみた。

「完全には立ち直ってないですよ。さっきも言いましたけど、私のコップは細くなっていますから。それは、へっちゃらなフリをしているだけです。妻のことを考えない日はないですし。でも精神的な面でのバランスは保たれています。仕事柄、自分を冷静にするのは得意な方でもありますから。この店でも冷静ですよ。天野さんとスナックに行った時は違いますけど。今もこの店には最低週2回は来ます。本当に、この店に助けられた感じですよ。私にとって定食酒場食堂は単なる食堂じゃないんです。まさに、心を救われたというか。心の拠り所というか、安心できる場所ですね」

そして最後に、「一緒に（スナックに）行きましょうよ」。

そう言って加藤さんは笑った。

「日本の心をお腹いっぱいに」――。

最初は小洒落た冗談かと疑った。だが、加藤さんの話を聞きながら、わたしは案外、この店ならありえるかもしれないと思い始めている。

あとがき

定食酒場食堂の取材に入ったのは、２０１８年2月19日だった。

まったくの偶然だが、この日は定食酒場食堂の歴史にとって、ひとつの大きな節目になっている。料理を任されていたバイト店長が諸事情により、置き手紙を残して店から姿を消したのだ。もともと限りなくワンオペに近い状態で回っている定食酒場食堂にとって、この突然の事態が何を意味するかは明白だった。

この日から、業務のほとんどすべてが天野ひとりに圧し掛かった。

「じゃあ、落ち着いてからにしましょうか？」

取材当日の朝、電話で天野から状況を説明され、事情を察したわたしは、こう提案した。

「いや、大丈夫ですよ」

天野は即座にこう答えた。

こうして、定食酒場食堂の取材は始まった。

案の定、天野は不機嫌だった。その大きな原因が、突然降って湧いた殺人的な忙しさのせいというよりも、わたしが立て続けに浴びせる質問のせいだと知るのは、ずっと後のことだった
わたしは容赦なく天野に質問をぶつけた。おそらく、過去に多くのマスコミ取材を経験している天野でも、わたしが発したような質問に答える機会はほとんどなかったのではないかと想

像する。かといって、手を緩めるわけにはいかない。

時にいら立ちは手に取るようにわかったが、天野は一度も質問をはぐらかすことなく、じぶんの言葉で精一杯、誠実に答え続けた。大したものだとおもう。天野について数々の流言飛語があるのは承知しているが、この1点で、わたしは天野が信頼に足る人物だと思っている。

本書が定食酒場食堂のある種の真実を映し出せているとすれば、それは天野本人が定食酒場食堂という、形態はただの食堂だが、その内奥にある無限の可能性を秘めた〈何か〉に真摯に向き合った結果だろう。わたしはその仲介者にすぎない。

さて、本書のタイトルになっている「奇跡」という文言について、若干の説明をしておきたい。わたしは本書で、定食酒場食堂について「これからの時代にふさわしい一種の生活共同体、コミューンのようなもの」と書いた。真意はこうだ。

もはや戦後の日本社会は制度疲労が極まり、小手先の修繕では立ち行かない局面に陥っている。戦後日本を支えた中間層はすでに壊れ、所得格差が広がり、若者からお年寄りまでがそろって孤立を深めている。わたしたちの少なくない部分の人々が、居場所を失いつつある。かれらは糸の切れた凧のように、この世の中をふわふわと漂うしかない。

こうした環境下で、次の時代が求めているものは何か。わたしは定食酒場食堂を取材する中で、この店を確かに必要としている一定の人々がいることを実感した。断っておくが、かれらは決して特別な人たちではない。彼らにとってこの場末の定食屋は、食堂ではあるものの、もっと深いところでは、心の支えになっていることは疑う余地がない。

わたしたちはどこかで考え方を変える必要がある。行政に期待し、ボランティアに頼るだけでいいのだろうか。社会全体が混迷を深める中で、セーフティーネットは自前で創り上げていかなければならない。定食酒場食堂は、この分断された日本社会の底辺からの、経済循環を組み込んだ自前のセーフティーネットの原質となりうるのではないか。

たかが食堂に、その兆候を読み取るのは、深読みもいいところかもしれない。しかしわたしは、そう読みたい衝動を抑えることができない。

最後に、天野をはじめ、取材に快く応じてくれた関係者の方々、定食酒場食堂で出会った多くの方々にこの場をかりてお礼をしたい。当然ながら、みなさんのご協力がなければ、この本は生まれていない。

また、この本を書く機会を与えていただいた牧野出版の佐久間憲一社長に感謝の気持ちを述べておく。たいした実績があるわけでもないわたしを信用し、取材・執筆中も終始、遠くからただ見守っていてくれたのは、わたしには非常に有り難いことだった。本当に、ありがとうございました。

二〇一八年七月

小野寺茂

小野寺茂　（おのでら・しげる）

1970年生まれ。埼玉県出身。早稲田大学第二文学部卒。明治大学大学院修士課程修了（政治学）。ライター。ジャーナリスト。地方新聞記者を経て、月刊経済雑誌『ZAITEN』（旧『財界展望』）編集部所属。15年より同誌嘱託記者。上場企業から消費者問題まで、幅広く取材、執筆する。

「定《てい》食《しょく》酒《さか》場《ば》食《しょく》堂《どう》」の奇《き》跡《せき》

2018年8月15日　初版発行

著　者　小野寺茂
発行人　佐久間憲一
発行所　株式会社牧野出版
〒604－0063
京都市中京区二条通油小路東入西大黒町318
電話 075-708-2016
ファックス（注文）075-708-7632
http://www.makinopb.com
印刷・製本　中央精版印刷株式会社

内容に関するお問い合わせ、ご感想は下記のアドレスにお送りください。
dokusha@makinopb.com
乱丁・落丁本は、ご面倒ですが小社宛にお送りください。
送料小社負担でお取り替えいたします。
 ISBN978-4-89500-222-6